COLLECTION FOLIO

Albert Camus

« Cher Monsieur Germain,… »

Lettres et extraits

Gallimard

Le chapitre « L'école » est extrait du *Premier homme* (Folio n° 3320).

À l'exception des lettres égarées, la correspondance Albert Camus – Louis Germain paraît ici pour la première fois dans son intégralité. La mort accidentelle de Camus, en 1960, l'interrompt brutalement, comme elle laisse *Le premier homme* inachevé.

© Succession Albert Camus, 2022, pour les lettres d'Albert Camus.
© Droits réservés. Succession Louis Germain, 2022,
pour les lettres de Louis Germain.
© Éditions Gallimard, 1994,
pour le chapitre du Premier homme *;*
2022, pour la présente édition.

Né à Mondovi en Algérie en 1913, Albert Camus est d'origine alsacienne et espagnole. Son père, ouvrier agricole, est tué au front durant la Première Guerre mondiale et le jeune garçon vit à Alger avec sa mère qui fait des ménages. Élève brillant, il obtient grâce à son instituteur Louis Germain une bourse, passe une licence de philosophie et présente un diplôme d'études supérieures sur les rapports de l'hellénisme et du christianisme à travers Plotin et saint Augustin. Mais, tuberculeux et craignant la routine, il renonce à enseigner. Il s'oriente vers le journalisme. En 1935, il adhère au parti communiste. Son premier essai, *L'envers et l'endroit*, livre l'expérience, déjà riche, d'un garçon de vingt-quatre ans : le quartier algérois de Belcourt, le foyer familial et surtout « l'admirable silence d'une mère et l'effort d'un homme pour retrouver une justice ou un amour qui équilibre ce silence ». L'année suivante, en 1939, il publie *Noces* qui confirme ses dons d'écrivain. La guerre bouleverse sa vie : la censure interdit *Soir Républicain* où il travaillait et le jeune homme débarque à Paris où il rejoindra la Résistance en 1943 dans le réseau « Combat » dont il dirige, avec Pascal Pia, le journal clandestin du même nom. En 1942 paraît *L'étranger*, roman placé sous le sceau de l'absurde et dont il dégage la signification dans un essai, *Le mythe de Sisyphe*.

Premier succès, mais aussi premières critiques et premiers malentendus. Il entre au comité de lecture des Éditions Gallimard et, à la Libération, devient rédacteur en chef du *Combat* libéré. Dans ses célèbres éditos, il prend désormais position sur les grands sujets de son temps, parmi lesquels le colonialisme ou la bombe atomique. En 1947, *La peste*, étonnante chronique de la lutte d'une ville contre une épidémie, remporte un immense succès. Il écrit des romans, mais aussi des nouvelles (*L'exil et le royaume*), du théâtre et des essais. Son essai *L'homme révolté* provoque une controverse avec des écrivains tels que Sartre ou Breton. Il adapte les œuvres d'écrivains étrangers comme Faulkner, Buzzati, Calderón ou Dostoïevski avant de publier *La chute*, la confession d'un avocat exilé à Amsterdam, en 1956. Il reçoit le prix Nobel de littérature en 1957 et commence un nouveau roman, *Le premier homme*. Le roman restera inachevé : le 4 janvier 1960, Albert Camus meurt dans un accident de voiture. *Le premier homme* paraîtra de manière posthume, en 1994.

Écrivain majeur du XXe siècle, Albert Camus est l'auteur d'une œuvre tout entière tournée vers la condition de l'homme et qui, partant de l'absurde, trouve une issue dans la révolte et dans l'amour. Aux passions méditerranéennes a succédé un humanisme lucide et au lyrisme des premiers textes un style rigoureux et lumineux.

Lisez ou relisez les livres d'Albert Camus en Folio :

L'ÉTRANGER (Folio n° 2, Folioplus classiques n° 40)

LA CHUTE (Folio n° 10, Folioplus classiques n° 125)

NOCES *suivi de* L'ÉTÉ (Folio n° 16)

LA PESTE (Folio n° 42, Folioplus classiques n° 119)

CALIGULA *suivi du* MALENTENDU (Folio n° 64)

L'EXIL ET LE ROYAUME (Folio n° 78)

LES JUSTES (Folio n° 477, Folio théâtre n° 111, Folioplus classiques n° 185)

LE MYTHE DE SISYPHE (Folio essais n° 11)

L'HOMME RÉVOLTÉ (Folio essais n° 15)

L'ENVERS ET L'ENDROIT (Folio essais n° 41, Folioplus classiques n° 247)

LETTRES À UN AMI ALLEMAND (Folio n° 2226)

CALIGULA (Folio théâtre n° 6, Folioplus classiques n° 233)

LE MALENTENDU (Folio théâtre n° 18)

DISCOURS DE SUÈDE (Folio n° 2919)

ACTUELLES. ÉCRITS POLITIQUES (Folio essais n° 305)

L'ÉTAT DE SIÈGE (Folio théâtre n° 52)

LE PREMIER HOMME (Folio n° 3320)

RÉFLEXIONS SUR LA PEINE CAPITALE (avec Arthur Koestler) (Folio n° 3609)

CHRONIQUES ALGÉRIENNES (1939-1958) (Folio essais n° 400)

JONAS OU L'ARTISTE AU TRAVAIL (Folio 2€ n° 3788)

L'ÉTÉ (Folio 2€ n° 4388)

RÉFLEXIONS SUR LA GUILLOTINE (Folioplus philosophie n° 136)

LA MORT HEUREUSE (Folio n° 4998)

LES POSSÉDÉS (Folio théâtre n° 123)

JOURNAUX DE VOYAGE (Folio n° 5620)

CARNETS, *tome I : Mai 1935-février 1942* (Folio n° 5617)

CARNETS, *tome II : Janvier 1942-mars 1951* (Folio n° 5618)

CARNETS, *tome III : Mars 1951-décembre 1959* (Folio n° 5619)

À *COMBAT*. ÉDITORIAUX ET ARTICLES (1944-1947) (Folio essais n° 582)

LA DÉVOTION À LA CROIX, *de Calderón* (Folio théâtre n° 148)

UN CAS INTÉRESSANT, *d'après D. Buzzati* (Folio théâtre n° 149)

REQUIEM POUR UNE NONNE, *d'après W. Faulkner* (Folio théâtre n° 170)

CORRESPONDANCE (1946-1959) (avec René Char) (Folio n° 6274)

CONFÉRENCES ET DISCOURS (Folio n° 6372)

CORRESPONDANCE (1945-1959) (avec Louis Guilloux) (Folio n° 6732)

CORRESPONDANCE (1944-1959) (avec Maria Casarès) (Folio n° 6731)

NOTE DE L'ÉDITEUR

Élève à l'école de la rue Aumerat dans le quartier pauvre de Belcourt (Alger), Albert Camus suit l'enseignement de Louis Germain.(1884-1966). L'instituteur, qui convainc l'autoritaire grand-mère de son élève de laisser ce dernier poursuivre ses études, restera pour Camus une figure infiniment marquante. La lettre, faite de gratitude, de considération et d'affection, que l'écrivain lui adressa à la suite de sa réception du prix Nobel de littérature, en 1957, est restée célèbre. (C'est à Louis Germain qu'il dédiera en outre ses *Discours de Suède.*)

Nous reproduisons ici l'intégralité des lettres connues à ce jour (1945-1959), correspondance pour partie inédite, accompagnée d'un chapitre du *Premier homme,* le roman inachevé de Camus. Dans ce chapitre, Jacques — double romanesque d'Albert — évoque son instituteur à Alger, Monsieur Bernard. Un nom de fiction qui ne fait pas oublier son modèle : Monsieur Germain.

Correspondance
1945-1959

1. – LOUIS GERMAIN À ALBERT CAMUS

Paris, le 15 octobre 1945

Mon cher Petit,

J'imagine sans peine que ma lettre va te surprendre. Tu dois te demander qui peut t'écrire de cette façon et se permettre ces familiarités. C'est quelqu'un qui t'aime bien et à qui, j'en suis convaincu, tu rends cette affection. Tu ne devineras jamais que c'est Monsieur Germain, d'Alger, ton ancien maître ?

Je suis ici depuis février dernier et ai pu suivre les succès flatteurs que tu as obtenus. J'ai su ta présence à Paris par ton reportage sur la misère de nos Nord-Africains[1].

---

1. En 1943, Camus intègre le réseau de résistance « Combat », dont il dirige le journal du même nom. Il en devient le rédacteur en chef à la Libération. En mai 1945, à la suite d'un séjour en Algérie, il écrit une série de six articles afin d'alerter la métropole sur la situation politique et économique en Algérie (voir *Chroniques algériennes (1939-1958)*, « Folio » n° 400, Gallimard, 2002 et *À Combat*, « Folio essais » n° 582, Gallimard, 2013). (*Les notes incluses dans la correspondance sont de l'éditeur.*)

Je suis en instance de départ pour Alger et serais très heureux de te voir avant de partir. Comme je crois avoir une certaine part, très modeste il est vrai, dans ta destinée, je voudrais que tu m'assures que je ne me suis pas trompé en t'orientant vers le lycée.

Engagé volontaire pour la durée de la guerre le 1/12/42 au Corps Franc d'Afrique à Alger (à... 58 ans), je suis actuellement au Dépôt Central des Forces Françaises Libres 2, avenue de Saxe (derrière l'École Militaire). Si tes occupations, que je pressens nombreuses, te permettent cependant de me consacrer quelques instants, j'en serais très heureux.

Je te prie de croire, mon cher Petit, à mon indéfectible amitié,

Germain Louis

Adjudant Chef Germain
Dépôt Central des FFL
2, Avenue de Saxe
Paris 7e

2. – LOUIS GERMAIN À ALBERT CAMUS

Paris, lundi 29 octobre 1945

Mon cher Petit,

2 mots pour te proposer ceci. J'ai ici une cantine, solide, en bois, dimension environ 0,37 × 0,40 × 0,80 ; ferrures faites à la main simples mais solides.

Je l'avais commandée pour la guerre : je n'en ai plus besoin et ne veux pas la ramener à Alger. La vendre ? Cela ne m'intéresse pas. Peut-être sera-t-elle utile pour serrer le petit linge de tes beaux petits chanteurs[1]. Si elle peut faire ton bonheur je te la donne.

Réponds-moi si tu le peux ou tu me donneras

---

1. Camus vit à Paris avec son épouse Francine Faure, rencontrée à Alger en 1937. Le 5 septembre 1945, elle donne naissance à des jumeaux, Catherine et Jean.

la réponse vendredi à Bougival[1] où j'aurai grand plaisir à vous retrouver tous.

Affectueuses amitiés

Germain Louis

Dépôt central FFL
BPM 501

---

1. Durant l'automne-hiver 1945-1946, Camus et sa famille séjournent un temps à Bougival, près de Paris, dans une propriété prêtée par l'éditeur Guy Schoeller (1915-2001).

3. – ALBERT CAMUS À LOUIS GERMAIN

Mardi [fin 1945]

Cher, cher Monsieur Germain,

Je ne suis plus à *Combat*[1] et votre lettre m'a suivi avec du retard. Mais je tiens absolument à vous voir. Je saurais bien mal vous dire à quel point votre souvenir m'est resté présent — et ma gratitude. Mais du moins nous pourrons parler de ce passé qui reste ce que j'ai de plus cher.

Parlons pratiquement : je suis à la N.R.F. (téléph LIT 28-91) jusqu'au jeudi soir. Le jeudi soir je vais chez moi, à Bougival (Tél : 317) jusqu'au lundi soir. Téléphonez-moi rapidement ou passez à la N.R.F. avant jeudi soir. Vous pourrez venir déjeuner à Bougival et je vous présenterai ma femme, qui vous connaît comme un

---

1. Après un dernier édito signé le 15 novembre 1945, Camus cesse d'écrire dans *Combat* jusqu'à la fin de l'année 1946 et sa célèbre série d'articles « Ni Victimes ni Bourreaux » (Voir *À Combat, op. cit.*).

des deux ou trois hommes à qui je dois à peu près tout.

Faites vite, je vous en prie. Et laissez-moi vous embrasser avec toute mon affection — comme au temps de notre école.

Albert Camus

Pourquoi ne pas m'avoir fait signe plus tôt ?

4. – ALBERT CAMUS À LOUIS GERMAIN

20 janvier [1946]

Cher Monsieur Germain,

Je vous remercie beaucoup de votre bonne lettre[1] et des commissions dont vous avez bien voulu vous charger. Je suis heureux aussi que vous ayez trouvé un climat plus favorable. Ici, il gèle et il neige, alternativement. Et j'occupe à peu près toutes mes journées à assurer le chauffage et le confort de ma petite famille. Le plus ennuyeux est que je suis obligé de quitter, le 10 février, la petite maison que vous avez connue. Nous ne savons pas encore où aller. Mais il faudra bien que tout cela se règle d'une façon ou de l'autre[2].

J'ai été heureux de vous revoir un peu

---

1. Au moment de la conception de ce volume, nous n'avons pas retrouvé trace de certaines lettres. Au sein de la présente édition, celles-ci seront désormais signalées par un astérisque lors de leur évocation par Camus et Germain.
2. Les Camus seront hébergés à Paris chez Michel et Janine

longuement, plus heureux que je ne saurais vous le dire. Un bon maître est une grande chose. Vous avez été le meilleur des maîtres et je n'ai rien oublié de ce que je vous dois. Moi aussi, je fais des vœux pour vous et je souhaite de pouvoir souvent encore retrouver près de vous des souvenirs dont je serai toujours fier.

Francine va bien. Sa maman nous quitte bientôt pour retourner à Oran. Quant aux deux comiques, ils ont une mine superbe et un registre vocal toujours aussi étendu. Nous parlons souvent de vous. Je pense toujours à vos Pléiade. J'attends seulement une occasion pour vous les envoyer par une voie plus sûre que la poste.

Caligula[1] se joue toujours. Je suppose cependant que les représentations s'arrêteront en mars. Hébertot parlait d'une tournée en Afrique du Nord. Mais les représentations seraient difficiles à organiser.

En attendant, je continue à travailler. J'ai seulement envie de revoir mon pays et ma vieille maman. Ne se fait-elle pas trop vieille ?

Gallimard au 17 rue de l'Université, avant de louer un appartement rue Séguier à partir de décembre 1946.

1. Pièce de théâtre de Camus parue en 1944 et créée en 1945 au Théâtre Hébertot (du nom de son directeur), dans une mise en scène de Paul Oettly (1890-1959) et avec Gérard Philippe (1922-1959) dans le rôle-titre.

Écrivez-nous si vous en trouvez le temps. N'oubliez pas votre fils spirituel. Je tiens à votre affection et à votre estime plus qu'à tous les discours dont les gens sont prodigues ici. Je vous embrasse avec tout mon respect et toute mon affection.

Albert Camus

Francine, Jean et Catherine vous envoient leurs affections. Amitiés à vos fils.

5. – ALBERT CAMUS À LOUIS GERMAIN

7 mars [1946]

Cher Monsieur Germain,

Un mot seulement pour vous demander de ne pas vous étonner de mon silence pendant quelque temps. Je pars en effet en Amérique dans trois jours et je n'en reviendrai pas avant la fin mai[1]. Je vais faire là-bas quelques conférences et quoique cela m'ennuie de quitter mon pensionnat, comme vous dites, je ne suis pas fâché de laisser un peu cette vie de Paris qui vous use les nerfs et vous dessèche le cœur.

Vous allez sûrement me coller au piquet, mais j'ai égaré l'adresse et le nom de votre sergent qui devait me donner la cantine. Ne pourriez-vous pas l'adresser à Francine à notre nouvelle et provisoire adresse, 17 rue de l'Université ? À mon retour, nous

---

1. Répondant à une invitation des services culturels de l'ambassade de France à New York, Camus séjourne en Amérique du Nord de mars à juin 1946.

nous installerons à peu près définitivement, rue Séguier, dans le 6ᵉ arrondissement.

Je suis content de vous savoir dans notre belle ville, et occupé à ce métier que vous aimez. Gardez-moi toujours votre affection. Nous avons de plus en plus besoin de tous ceux qui nous aiment, dans ce monde en folie.

Francine et moi vous envoyons nos plus affectueuses pensées. Bidasse et Mandarine (ce sont les jumeaux) embrassent très fort leur grand-père spirituel.

À bientôt et croyez-moi votre fidèle et affectionné

A. C.

6. – ALBERT CAMUS À LOUIS GERMAIN

[Août ou septembre 1946]

Cher Monsieur Germain,

J'ai reçu votre lettre* en vacances et je devrais dire plutôt à la campagne puisqu'en fait de vacances, j'y ai beaucoup travaillé à un livre que je viens de finir. J'avais besoin de m'éloigner de Paris après un long voyage en Amérique et de trouver sinon le repos du moins le silence. J'ai trouvé ça en Vendée dans une ferme qui appartient aux Gallimard, où les deux petits ont pris de bonnes joues et où j'ai trouvé les conditions d'un travail suivi.

J'ai envoyé votre mot d'ici au concierge de la maison où j'habite (17 rue de l'Université) pour qu'il fasse transporter la cantine. Je suppose que je la trouverai à mon retour, le 10 septembre. Comme j'espère emménager définitivement cette fois-ci dans le petit appartement que je fais aménager, elle me sera fort utile et je vous remercie très fort. Je n'oublie pas la Pléiade, attendant une occasion qui sera peut-être proche si je parviens à m'échapper quelques jours fin septembre, comme je l'espère, pour aller embrasser ma vieille maman.

Note en bas du recto (où apparaît l'adresse de la N.R.F.), A. Camus a entouré l'adresse de Gallimard en ajoutant cette mention ms « mon adresse perpétuelle ».

Mon voyage en Amérique m'a appris en effet beaucoup de choses qu'il serait trop long de vous détailler ici. C'est un grand pays, fort et discipliné dans la liberté, mais qui ignore beaucoup de choses et d'abord l'Europe. J'y ai été admirablement reçu et j'ai pu rapporter une pleine malle d'effets pour les enfants...

La médaille de la Résistance[1] ? Je ne l'ai pas demandée et je ne la porte pas. Ce que j'ai fait est peu de chose et on ne l'a pas encore donnée à des amis qui ont été tués à côté de moi. Je suis curieux de lire ce qu'ont dit de moi les journaux d'Alger. Il y a quatre ans, ils voulaient me faire fusiller. Pouvez-vous m'envoyer ces articles ?

---

1. L'annonce de l'attribution de la médaille de la Résistance à Camus est publiée par décret au *Journal officiel* du 11 juillet 1946.

Je suis content que Marcel soit heureux. N'oubliez pas de lui faire mes amitiés, il se souviendra peut-être du petit Camus. Quant à Robert, j'en suis bien triste pour vous. Ce serait à lui de venir vers vous, mais peut-être pourrez-vous lui parler tout droit et le faire revenir à la raison. S'il savait seulement ce que cela peut être que d'avoir été privé d'un père…

Écrivez-moi. Les deux petits et Francine vous envoient leurs meilleures tendresses. Et votre fils spirituel vous embrasse de tout son cœur.

Albert Camus

7. – ALBERT CAMUS À LOUIS GERMAIN

Samedi [novembre 1947]

Cher Monsieur Germain,

Maman, qui ne sait pas écrire, me charge de l'excuser auprès de vous, pour ne pas vous avoir remercié au reçu de vos belles fleurs.

Dans le trouble de ses préparatifs (c'était un grand jour pour elle) elle a cru que ces fleurs lui avaient été envoyées par moi. Je l'ai détrompée, elle était confuse, et elle veut vous faire savoir combien elle a été touchée de votre envoi et heureuse de recevoir celui qui a tant fait pour son fils.

Ai-je besoin de vous dire que je me joins à elle ? Présentez donc mes hommages à votre dame et soyez toujours sûr de l'affectueuse pensée de votre petit.

Albert Camus

8. – ALBERT CAMUS À LOUIS GERMAIN

13 février [1950]

Cher Monsieur Germain,

Je vous remercie beaucoup de votre lettre* et de votre colis. Pour ce dernier je ne l'ai pas encore reçu car je suis loin de Paris, malade, et en traitement pour de longues semaines encore[1]. Au retour d'une tournée de conférences en Amérique du Sud[2], voyage qui s'est révélé très fatigant, et qui succédait à une année de gros travail, on a trouvé une image fâcheuse à mon poumon droit. Cela m'a valu une cure de streptomycine de deux mois et un séjour ici qui doit se prolonger jusqu'en avril. À l'heure actuelle, les choses vont aussi bien que possible et j'espère retrouver bientôt une vie normale.

---

1. Camus passe le début de l'année 1950 à Cabris (Alpes-Maritimes) pour soigner sa tuberculose.
2. En juillet-août 1949, sous l'égide des services culturels français, Camus effectue une tournée de conférences au Brésil, au Chili et en Uruguay. Il séjourne également brièvement en Argentine.

Si par hasard vous rencontriez ma bonne vieille maman, n'oubliez pas que je lui ai seulement parlé d'une fatigue momentanée, pour ne pas l'inquiéter.

J'écris à Paris pour demander qu'on veille sur votre colis (et qu'on me l'envoie sans délai). Mais j'ai surtout été content de voir que vous pensiez toujours à votre petit élève. J'ai été heureux de vous savoir en bonne forme. Oui, vous travaillez beaucoup. Mais vous avez toujours beaucoup travaillé et je ne vous imagine pas en rentier béat et cynique. Je voudrais seulement que vous trouviez dans vos journées une petite place pour le repos, que vous avez mérité de toutes façons.

Francine est ici avec moi. Les enfants sont chez leur grand-mère à Oran. Et ils sont entrés pour la première fois à l'école. Nous les avons éloignés, à regret, mais il fallait être prudent. Je pense maintenant que je pourrai les retrouver cet été.

Mes projets ? On joue en ce moment une pièce de moi à Paris[1]. Chaudement accueillie par les uns, elle a été froidement exécutée par les autres. Match nul par conséquent. Ce genre de réactions m'amuse toujours d'ailleurs. Je publierai cette année un recueil de mes articles à

---

1. Il s'agit des *Justes*, parus l'année précédente.

Combat et un essai philosophique : « L'homme révolté[1] ». Ensuite... Ensuite, je voudrais me reposer et vivre un peu dans la liberté en attendant la bombe à hydrogène.

Voilà l'essentiel. J'ajoute que si je venais à Alger, j'irais vous voir aussitôt. À ce propos, l'élève se permettra de reprocher une phrase à son bon maître. Celle où vous me dites que j'ai mieux à faire que de lire vos lettres. Je n'ai et je n'aurai jamais mieux à faire que de lire les lettres de celui à qui je dois d'être ce que je suis, et que j'aime et respecte comme le père que je n'ai pas connu.

Voulez-vous présenter mes respectueux hommages à votre femme et recevoir les amitiés de la mienne. Pour moi, je vous embrasse, comme toujours, avec toute mon affection

Albert Camus

Ci-jointe la photo de mes deux costauds.

À CABRIS (Alpes-Maritimes)

---

1. L'essai paraîtra à l'automne 1951.

9. – ALBERT CAMUS À LOUIS GERMAIN

14 juillet [1952]

Cher Monsieur Germain,

J'ai été heureux, très heureux de trouver votre lettre* au retour d'un assez long séjour en province, pour mon travail et mon repos. J'ai attendu, pour y répondre, de pouvoir le faire à loisir. J'avais crainte devant votre long silence que ma précédente lettre vous ait choqué et qu'elle m'ait fait perdre un peu de votre affection. J'en étais malheureux parce qu'il y a longtemps que je place au-dessus de toutes les idées ou les positions les sentiments de tendresse et d'affection qui me lient à certains êtres, et vous êtes de ceux-là. Mais puisqu'il n'en est rien, je m'en réjouis du fond du cœur, et je vous en remercie.

Oui, vous m'aviez laissé à Cabris, où je me soignais. Je me suis rétabli avec une rapidité qui m'étonne encore et j'ai pu reprendre, depuis plus d'un an, toutes mes activités. Je suis de nouveau à Paris avec les miens, et je travaille aux Éditions Gallimard, en même temps qu'à mes livres. Je suis allé à Alger, en effet, en décembre dernier. Mais j'étais appelé auprès de la maman qui s'était cassé le fémur dans une mauvaise chute. Je ne l'ai pas quittée pendant les 15 jours de son séjour à la clinique et je n'ai eu le temps de rien. Au printemps, j'ai fait venir maman à Paris : elle est ici, dans la pièce à côté, et je me réjouis de la gâter un peu. Je la ramènerai à Alger en octobre, aux premiers froids, et j'irai alors vous voir, c'est promis.

Ne travaillez pas trop, cher Monsieur Germain, et pensez un peu à votre repos, bien mérité. Je suis heureux à l'idée de vous revoir et de vous embrasser. Il y a trente ans maintenant que j'ai eu la chance de vous rencontrer. Depuis trente ans, je n'ai jamais cessé de penser à vous avec tout le respect et l'affection qui étaient les miens dans la petite classe de la rue Aumerat.

Tout le monde ici se joint à moi pour vous envoyer, à vous et aux vôtres, les plus affectueuses pensées

Albert Camus

Note dans la marge droite : J'habite maintenant 29 rue Madame-Paris (6e)

10. – ALBERT CAMUS À LOUIS GERMAIN

31 octobre 1952

Cher Monsieur Germain,

Je vous écris rapidement pour vous dire que je serai à Alger vers le 20 novembre, le 25 au plus tard. J'espère alors vous y voir. Ma mère est à Alger depuis septembre, et a repris sa vie normale.

Mes enfants ont 7 ans et sont à la communale, ravis d'y être, et n'y réussissent pas trop mal. L'année prochaine ils iront au lycée, si du moins on veut bien consacrer aux classes les milliards qu'on donne aux producteurs d'alcool.

Je suis content de vous savoir au repos, malgré les inconvénients que j'imagine. J'espère seulement que les leçons compensent votre retraite. Mais nous parlerons de tout cela bientôt.

Mes respectueux hommages à Madame Germain

et pour vous, comme toujours, ma fidèle et reconnaissante affection.

A. Camus

Il faut toute la bêtise policière, et colonialiste, pour en arriver à coffrer des chanteurs. Mais c'est plus facile que de supprimer les bidonvilles.

11. – ALBERT CAMUS À LOUIS GERMAIN

Mercredi [décembre 1952]

Cher Monsieur Germain,

Je me trouve à Alger et serai heureux de vous voir. Si vous voulez me fixer un rendez-vous ce serait le plus simple. Je suis en ce moment à l'Hôtel Regina (356.38), boulevard Bugeaud. Un mot de vous ou un coup de téléphone, le matin, suffirait.

À bientôt et bien affectueusement,

Albert Camus

12. – ALBERT CAMUS À LOUIS GERMAIN

[Déc. 1952]

Jeudi 19 heures

Cher Monsieur Germain,

Je trouve votre mot* en rentrant de Tipasa[1] et je regrette de vous avoir manqué. Je ne suis pas libre au déjeuner de demain. Mais je le serai dimanche. J'essaierai d'entraîner ma mère, mais cela n'est pas sûr. Elle vieillit et n'aime pas sortir de son Belcourt. De toutes façons, à dimanche midi. Je me réjouis de vous revoir.

Mes hommages à Madame Germain et, pour vous, mes pensées les plus affectueuses.

Albert Camus

---

1. Les ruines romaines de Tipasa sont l'un des lieux favoris de Camus en Algérie. Il leur consacre deux essais lyriques *Noces à Tipasa* et *Retour à Tipasa* (in *Noces* suivi de *L'été*, « Folio » n° 16, 1972). En 1952, Camus séjourne en Algérie du 15 au 18 décembre.

13. – LOUIS GERMAIN À ALBERT CAMUS

Alger, 31 décembre 1952

Chère Madame, Cher Petit,

Permettez-moi de sacrifier à la coutume et de vous présenter pour tous ceux que vous aimez sans omettre les deux petits, Jean et Catherine, et pour vous deux nos meilleurs vœux pour l'année qui commence.

Que vos deux enfants poussent bien et fassent, en classe, les progrès qu'on est en droit d'attendre d'eux.

Je regarde souvent leur photo et crois en regardant Jean revoir son père que j'ai connu à cet âge. Tout y est, jusqu'aux plis du front, et la façon de regarder !

J'arrête pour aujourd'hui ma lettre car mon programme épistolaire est singulièrement chargé.

J'ai pris mon courage à deux mains, ai mis la plume... dans l'autre et le courrier s'allonge.

Tous trois vous présentons nos affectueuses amitiés et vous prions de déposer pour nous de bons baisers sur les joues des petits.

Respectueusement,

Germain Louis

14. – LOUIS GERMAIN À ALBERT CAMUS

Alger, 15 décembre 1956

Mon cher Petit,

Ce mot pour te confirmer ce que te dit la lettre* adressée à ton domicile.

J'ai remis ce matin à Air-France un colis de 4 kilos contenant des denrées périssables. C'est un « couffin » comme il y en a tant ici. Il est adressé à domicile et il paraît qu'il doit vous être remis mercredi ou jeudi prochains. Ne laisse pas prolonger ces délais ; et si, au contraire, tu as un moyen quelconque de l'abréger, n'hésite pas.

J'ai vu Villeneuve il y a quelque temps et nous avons parlé de toi, des camarades (as-tu appris que René Moscardo est mort il y aura bientôt un an ?).

Ce brave garçon de Villeneuve[1] m'a rendu un

---

1. André Villeneuve et René Moscardo sont d'anciens camarades de classe de Camus.

grand service au sujet de Christian[1] qui travaille maintenant au G.G.[2] en attendant de partir au régiment en janvier prochain probablement.

J'espère que tout va bien chez toi et que les enfants te donnent satisfaction. Ils ont 11 ans maintenant et doivent être grands : je voudrais bien les revoir, bavarder avec eux. Les enfants m'intéressent toujours et j'ai toujours de l'affection pour eux : déformation professionnelle peut-être ?

Je ne suis pas fier de mon silence et me demande ce que tu penses de moi ! Recevoir des livres, ne pas en accuser réception, ne pas remercier : ce n'est pas beau !

Mais je te conserve toute mon affection.

Ne m'en garde pas rancune (je ne t'en crois pas capable)

Je t'embrasse bien fort

Ton vieux maître (72 ans le 20/12 prochain)

Germain Louis

---

1. Fils adoptif de Louis Germain, fils de sa compagne Andrée.
2. Gouvernement Général de l'Algérie.

15. – ALBERT CAMUS À LOUIS GERMAIN

19 novembre 1957

Cher Monsieur Germain,

J'ai laissé s'éteindre un peu le bruit qui m'a entouré tous ces jours-ci avant de venir vous parler un peu de tout mon cœur. On vient de me faire un bien trop grand honneur[1], que je n'ai ni recherché ni sollicité. Mais quand j'ai appris la nouvelle, ma première pensée, après ma mère, a été pour vous. Sans vous, sans cette main affectueuse que vous avez tendue au petit enfant pauvre que j'étais, sans votre enseignement, et votre exemple, rien de tout cela ne serait arrivé.

Je ne me fais pas un monde de cette sorte d'honneur mais celui-là est du moins une occasion pour vous dire ce que vous avez été, et êtes

---

1. Le 16 octobre 1957, l'Académie suédoise annonce l'attribution du prix Nobel de littérature à Camus pour son œuvre « qui éclaire avec un sérieux pénétrant les problèmes posés de nos jours aux consciences humaines ».

toujours pour moi, et pour vous assurer que vos efforts, votre travail et le cœur généreux que vous y mettiez sont toujours vivants chez un de vos petits écoliers qui, malgré l'âge, n'a pas cessé d'être votre reconnaissant élève.

Je vous embrasse, de toutes mes forces.

Albert Camus

16. – LOUIS GERMAIN À ALBERT CAMUS

Alger, ce 22 novembre 1957

Mon cher Petit,

J'ai reçu ta lettre ce matin et je t'assure que je ne l'attendais pas. Je te sais si occupé que je ne pensais pas que tu puisses prélever sur ton temps, surtout dans les jours que tu viens de vivre, pour m'écrire, m'ouvrir si pleinement ton cœur et m'exprimer des sentiments dont je n'ai jamais douté.

Nous avons vécu quelques angoisses à ton sujet quand la presse a annoncé, d'abord, qu'il était question de t'attribuer le prix Nobel mais que la présence d'autres candidats laissait prévoir une lutte dont l'issue était incertaine. Que, d'autre part, l'un de ses candidats[1] (que dans un article interview tu disais admirer) avait cherché des appuis en Amérique, y avait écrit (je dis :

---

1. Il s'agit d'André Malraux.

intrigué) pour obtenir la décision en sa faveur. Sachant l'influence américaine très très forte nous avons tremblé pour ta réussite. Car un échec aurait été une grosse désillusion pour toi et, aussi, ceux qui t'aiment ; d'autant plus que, dès ce moment, nous étions convaincus que tu n'avais rien fait pour obtenir cette récompense ; ta lettre le confirme.

Enfin, nous avons été soulagés, rassurés : tu l'avais emporté nettement proprement.

J'ai d'abord songé à te télégraphier pour te féliciter et te dire notre joie. Puis j'ai pensé que tu devais être suffisamment occupé à répondre à ce qu'il y avait de raisons de te congratuler et j'ai préféré attendre que se soient un peu éteints les échos de ta célébrité. J'en étais là lorsque, ce matin, est venue ta lettre. Elle a hâté de peu le moment de te répondre.

Elle nous a profondément émus ta lettre, mon cher Petit. Elle révèle des sentiments qui honorent une âme humaine. J'ai, personnellement, été d'autant plus touché que mes propres enfants ne m'ont jamais manifesté autant d'affection. L'aîné a conservé quelques relations avec nous et nous rend visite trois ou quatre fois par an ; sa femme et l'une de ses filles sont venues nous voir hier, l'aînée Raymonde étant restée à la maison pour travailler : elle est fière d'être

1re en français sur deux classes. Quant à Robert[1], il a définitivement rompu avec moi depuis sa majorité. Il m'ignore s'il me rencontre dans la rue si près qu'il passe de moi. Je n'ai jamais vu sa femme ni ses deux enfants.

J'ai eu plus de chance avec mes autres élèves, en général. Nombreux sont ceux que je retrouve dans la vie et qui me disent avoir conservé un bon souvenir de moi malgré mes sévérités lorsqu'il le fallait.

La raison est bien simple : j'aimais mes élèves et parmi eux, un peu plus, ceux que la vie avait désavantagés. Lorsque tu m'es arrivé, j'étais encore sous le coup de la guerre, de la menace de mort que, durant cinq ans, elle avait fait peser sur nous. J'en étais revenu, mais d'autres, moins chanceux, qui avaient succombé. J'ai vu en eux des camarades malheureux tombés en nous confiant ceux qu'ils laissaient. C'est en pensant à ton papa, mon cher Petit, que je me suis intéressé à toi, comme je me suis intéressé aux autres orphelins de guerre. Je t'ai aimé un peu pour lui, autant que j'ai pu, et n'ai pas eu d'autre mérite. J'ai rempli un devoir sacré à mes yeux.

Tu dois tes succès à ton mérite, à ton travail ; tu as été mon meilleur élève, réussissant en

---

1. Enfant cadet de Louis Germain, de son premier mariage.

tout. Avec cela, gentiment calme et tranquille. Alors quand je t'ai inscrit pour l'examen de 6ᵉ je n'ai fait que mon devoir. Bien sûr, j'ai rassuré ta maman, effrayée par des responsabilités pécuniaires qu'elle craignait ne pouvoir assumer. J'ai bien été obligé de la rassurer, de lui révéler l'existence des bourses et que par elles ton instruction ne lui coûterait rien (j'ignorais, jusqu'à ce moment-là, la situation financière exacte de ta famille).

En résumé, je considère mon mérite mince et ton mérite grand. De toute façon et malgré Mr Nobel tu resteras toujours mon Petit.

La presse, évidemment, s'est occupée de toi, t'a même consacré un de ses numéros. C'est ainsi que j'ai pu revoir, avec toi, tes deux enfants. Ce sont deux grands « jeunes gens » et ils doivent donner plein de satisfaction en classe. Je voudrais bien les revoir, parler avec eux qui doivent, sûrement, s'exprimer avec l'accent du terroir ! Et quel accent sympathique.

Mon beau-fils ici depuis 10 ans après avoir toujours vécu à Paris a gardé un peu de cet accent. Mais au contact de ses camarades il a retenu des mots, des expressions typiquement algériens. Et puis il parle… avec les mains.

Actuellement je suis un régime assez strict : mon cœur donne des soucis… au docteur. J'observe ses prescriptions puisque je l'ai consulté. Je ne dois monter mes 4 étages qu'une fois par jour. Cela me confine et me fait enrager car il m'est impossible de rester à ne rien faire.

Madame Germain va aussi bien que possible.

Nous n'avons encore rien dit de la dame. Tu lui as donné une belle récompense par la distinction qui t'a été accordée et nous nous en sommes félicités pour elle. Et nous n'avons pas oublié ta chère Maman à qui tu as procuré une grande joie qu'elle a bien méritée.

On avait annoncé ta venue à Alger, puis la remise de ton déplacement.

Lors de ton prochain séjour à Alger, viens nous voir si tu le peux, si ton emploi du temps le permet. Nous t'invitons même à notre table si c'est possible. Mais ne complique pas les choses pour nous. Nous serons très heureux de te revoir, de t'embrasser, mais il ne faut pas que le temps à nous consacrer te manque par ailleurs. Car tu penses bien que maintenant, auréolé de ta nouvelle gloire, tu seras happé, tiraillé de tous côtés, dès que tu auras remis le pied sur notre sol. Nous nous résignerons et attendrons que tu aies, toi-même, trouvé le moment propice. Mais quoi qu'il arrive nous t'excuserons d'avance.

Je vais clore mon journal, car il commence à présenter une certaine longueur.

Tous trois unis dans notre affection pour vous, vous embrassons tous quatre bien fort.

Germain Louis

P.S. : ma petite-fille Raymonde dit présenter en classe un travail sur Dostoïevski : pourras-tu m'indiquer un livre susceptible de l'éclairer le plus possible ? Elle jalouse un peu une de ses camarades chargée, elle, de présenter un travail sur... Albert Camus !

17. – LOUIS GERMAIN À ALBERT CAMUS

Alger, ce 10 septembre 1958. 16 h 15

Mon cher Petit,

Je crois qu'il faut du courage de ma part pour me mettre à écrire alors que le thermomètre, près de moi, accuse 29° et que la chaleur humide fond et la graisse et aussi...

Mais je te dois une réponse* depuis trop longtemps et je me résous à surmonter mon apathie.

Bien sûr, je ne t'ai pas oublié ou, plus exactement, je ne vous ai pas oubliés.

Mais beaucoup de choses se sont passées depuis le retour d'Andrée.

Revenue de Paris, tenant à peine debout tant elle avait été la proie du surmenage et aussi du froid qu'elle ne peut plus supporter, ma femme a repris juste assez de force pour supporter, le 6 mai dernier, une nouvelle intervention chirurgicale.

Ses tissus abdominaux, juste sous la cicatrice de sa précédente opération, ayant cédé, il a fallu rouvrir le ventre pour réduire la hernie qui s'était formée. Le chirurgien en a profité pour fixer un organe proche qui avait perdu sa position normale et supprimer un kyste qui se formait sur le côté gauche cette fois-ci. Tout s'est heureusement bien passé et notre opérée va très bien maintenant.

C'est pendant qu'Andrée était à la clinique que la « Révolution du 13 mai » s'est produite. Le mouvement a été la réédition de la manifestation qui avait accueilli Guy Mollet[1] lors de son voyage à Alger. Les étudiants les élèves de nos écoles primaires, les jeunes apprentis laissés libres pour manifester (quoi, au juste, à cet âge) furent les auteurs actifs des événements sous l'impulsion d'organisateurs cachés sous un prudent anonymat.

C'est un jeune avocat, ancien président de l'Association Générale des Étudiants d'Alger[2], qui décida d'enfoncer les grilles protégeant l'entrée du G.G., qui sauta sur un camion de l'Armée

1. Homme d'État français (1905-1975), président du Conseil des ministres durant la guerre d'Algérie. La « Révolution du 13 mai » désigne un coup d'État ayant eu lieu à Alger, en 1958, en pleine guerre d'Algérie.
2. Il s'agit de Pierre Lagaillarde (1931-2014), l'un des leaders du putsch d'Alger.

et fit une brèche dans les grilles. Les jeunes se ruèrent dans les bureaux dont beaucoup avaient leurs occupants (ordre avait été donné au personnel du G.G. de travailler contrairement aux ordres du comité occulte). Et les machines, les meubles, les dossiers, prirent le chemin des fenêtres.

Les CRS, chargés de garder le bâtiment, s'étaient repliés plutôt que de faire usage de leurs armes.

D'autre part des Parachutistes présents ne firent rien pour empêcher les destructions.

Et ce fut la victoire des manifestants.

Le lendemain, de nombreuses disparitions furent constatées dans les tiroirs et placards du G.G. : vêtements de dame, stylos, etc.

Bref, de ce moment, et pour près d'un mois, les relations postales furent rompues avec la Métropole. Inutile d'écrire : les lettres n'étaient pas transmises !

Puis, l'été est venu avec les départs en vacances.

Où as-tu pu aller ? Même en ce moment où es-tu ? Mais comme mon silence dure trop, je le romps aujourd'hui et j'espère que ma lettre te parviendra bientôt.

Tu m'as dit que tu reviendrais en octobre à Alger. Si ce projet se réalise, je voudrais profiter de ta présence ici pour te faire connaître notre ami Monsieur Bouakouir[1] si, toutefois, il ne se trouve pas en mission à ce moment-là. C'est un charmant et honnête homme à qui, je suis certain, tu accorderas toute ton amitié. Je te demanderai donc, dès que tu seras fixé sur la date de ton séjour ici, de m'en aviser. Il est certain que tu peux compter sur ma complète discrétion. D'autre part, si ton emploi du temps ici est trop chargé, je me résoudrai, nous nous résoudrions malgré tout à renoncer à t'avoir à notre table. Andrée et moi ne t'aimons pas égoïstement ; nous t'aimons bien et tu le sais. Tu as pu constater le vif plaisir que nous font tes visites. Et nos repas, auxquels tu participes, sont les meilleurs pour nous car ta présence rend meilleure notre modeste chère.

Je n'ose te demander de nous dire ce qu'ont été vos vacances : où êtes-vous allés vous réfugier pour fuir l'été à Paris ? Nous sommes restés ici, ce qui nous a permis de constater, certaines nuits, que le thermomètre indiquait 34° à 23 h 45. Vois-tu à quelle épreuve nous avons été soumis ?

Christian étant toujours à la Musique de Garnison, Caserne d'Orléans, sa maman ne peut se résoudre à partir préférant griller sur place !

---

1. Salah Bouakouir (1908-1961) était le voisin de Louis Germain à Alger.

Mais je m'aperçois que j'ai noirci beaucoup de papier et me rends compte qu'à me lire tu devras consacrer un temps précieux.

Je m'arrête donc pour aujourd'hui espérant que ta maman et vous tous êtes en parfaite santé.

Ici, tout va pour le mieux.

Tous trois vous assurons de notre affectueuse amitié et vous embrassons tous bien fort.

Cordialement à toi, ton vieux maître.

Germain Louis

P.S. : Je ne parle pas souvent de vos deux enfants mais je pense à eux. J'espère qu'ils vont commencer la prochaine année scolaire avec la ferme détermination de bien faire et d'être, comme leur papa l'a été, des élèves <u>parfaits</u>.

Je n'oublie pas, non plus, le petit topo promis. Je dois même dire qu'il est fait. Mais il n'est pas simple de rappeler des souvenirs de plus de 34 ans et de les sortir de l'affectueuse amitié où ils ont pu s'estomper un peu. Je te promets de te l'envoyer bientôt. Et alors, monstre de mon cœur, c'est toi qui corrigeras la petite rédaction de ton ancien maître. Juste (ou injuste) retour des choses d'ici-bas.

18. – ALBERT CAMUS À LOUIS GERMAIN

19 décembre 1958

Cher Monsieur Germain,

Je suis en plein travail de répétitions d'une nouvelle pièce que je monte en janvier[1]. C'est ma seule excuse pour ne pas vous avoir écrit plus tôt. Mais je travaille de midi à minuit et je suis obligé de laisser mon courrier s'accumuler. Je voulais pourtant vous remercier bien chaleureusement pour ces « souvenirs ». Votre affection a rendu votre mémoire indulgente. Je n'étais pas si exemplaire, sûrement, et j'ai eu ma part de péchés. Mais tous les détails sont vrais et ils m'ont aidé à revivre une époque qui a été heureuse pour moi, malgré toutes les difficultés.

Voilà en tout cas une bonne occasion de vous redire ma gratitude et mon affection. J'espère

---

1. Camus fait ici référence à son adaptation des *Possédés* de F. Dostoïevski, qu'il met en scène au Théâtre Antoine (création le 29 janvier 1959).

que tout va bien chez vous et que votre femme a retrouvé toute sa santé. Faites-lui toutes mes amitiés et recevez mes plus affectueuses pensées.

Je vous embrasse.

Albert Camus

19. – LOUIS GERMAIN À ALBERT CAMUS

Alger, ce 30 avril 1959

Mon cher Petit,

Adressé de ta main, j'ai bien reçu le livre *Camus* qu'a bien voulu me dédicacer son auteur Monsieur J.-Cl. Brisville[1].

Je ne sais t'exprimer la joie que tu m'as faite par ton geste gracieux ni la manière de te remercier. Si c'était possible, je serrerais bien fort le grand garçon que tu es devenu et qui restera toujours pour moi « mon petit Camus ».

Je n'ai pas encore lu cet ouvrage, sinon les premières pages. Qui est Camus ? J'ai l'impression que ceux qui essayent de percer ta personnalité n'y arrivent pas tout à fait. Tu as toujours montré une pudeur instinctive à déceler ta nature, tes sentiments. Tu y arrives d'autant mieux que tu es simple, direct. Et bon par-dessus le marché !

---

1. *Camus* par Jean-Claude Brisville, « La bibliothèque idéale », Gallimard, 1959.

Ces impressions, tu me les a données en classe. Le pédagogue qui veut faire consciencieusement son métier ne néglige aucune occasion de connaître ses élèves, ses enfants, et il s'en présente sans cesse. Une réponse, un geste, une attitude sont amplement révélateurs. Je crois donc bien connaître le gentil petit bonhomme que tu étais, et l'enfant, bien souvent, contient en germe l'homme qu'il deviendra. Ton plaisir d'être en classe éclatait de toutes parts. Ton visage manifestait l'optimisme. Et à t'étudier, je n'ai jamais soupçonné la vraie situation de ta famille. Je n'en ai eu qu'un aperçu au moment où ta maman est venue me voir au sujet de ton inscription sur la liste des candidats aux Bourses. D'ailleurs, cela se passait au moment où tu allais me quitter. Mais jusque-là tu me paraissais dans la même situation que tes camarades. Tu avais toujours ce qu'il te fallait. Comme ton frère, tu étais gentiment habillé. Je crois que je ne puis faire un plus bel éloge de ta maman.

Pour en revenir au livre de monsieur Brisville, il porte une abondante iconographie. Et j'ai eu l'émotion très grande de connaître, par son image, ton pauvre Papa que j'ai toujours considéré comme « mon camarade ». Monsieur Brisville a bien voulu me citer : je vais l'en remercier.

J'ai vu la liste sans cesse grandissante des ouvrages qui te sont consacrés ou qui parlent de toi. Et c'est une satisfaction très grande pour moi de constater que ta célébrité (c'est l'exacte vérité) ne t'avait pas tourné la tête. Tu es resté Camus : bravo.

J'ai suivi avec intérêt les péripéties multiples de la pièce que tu as adaptée et aussi montée : *Les Possédés*. Je t'aime trop pour ne pas te souhaiter la plus grande réussite : celle que tu mérites. Malraux veut, aussi, te donner un théâtre[1]. Je sais que c'est une passion chez toi. Mais... vas-tu arriver à mener à bien et de front toutes ces activités ? Je crains pour toi que tu n'abuses de tes forces. Et, permets à ton vieil ami de le remarquer, tu as une gentille épouse et deux enfants qui ont besoin de leur mari et papa. À ce sujet, je vais te raconter ce que nous disait parfois notre directeur d'École normale. Il était très, très dur pour nous, ce qui nous empêchait de voir, de sentir, qu'il nous aimait *réellement*. « La nature tient un grand livre où elle inscrit minutieusement tous les excès que vous commettez. » J'avoue que ce sage avis m'a souventes fois retenu au moment où j'allais l'oublier. Alors

---

1. Peu avant la mort accidentelle de Camus, Malraux, alors ministre de la Culture au sein du gouvernement de De Gaulle, a pour projet de lui confier la direction d'un théâtre public à Paris.

dis, essaye de garder blanche la page qui t'est réservée sur le Grand Livre de la nature.

Andrée me rappelle que nous t'avons vu et entendu à une émission littéraire de la télévision, émission concernant *Les Possédés*. C'était émouvant de te voir répondre aux questions posées. Et, malgré moi, je faisais la malicieuse remarque que tu ne te doutais pas que, finalement, je te verrais et t'entendrais. Cela a compensé un peu ton absence d'Alger. Nous ne t'avons pas vu depuis pas mal de temps...

Avant de terminer, je veux te dire le mal que j'éprouve en tant qu'instituteur laïc, devant les projets menaçants ourdis contre notre école. Je crois, durant toute ma carrière, avoir respecté ce qu'il y a de plus sacré dans l'enfant : le droit de chercher sa vérité. Je vous ai tous aimés et crois avoir fait tout mon possible pour ne pas manifester mes idées et peser ainsi sur votre jeune intelligence. Lorsqu'il était question de Dieu (c'est dans le programme), je disais que certains y croyaient, d'autres non. Et que dans la plénitude de ses droits, chacun faisait ce qu'il voulait. De même, pour le chapitre des religions, je me bornais à indiquer celles qui existaient, auxquelles appartenaient ceux à qui cela plaisait. Pour être vrai, j'ajoutais qu'il y avait des personnes ne pratiquant aucune religion. Je sais bien que cela ne plaît pas à ceux qui voudraient faire des instituteurs des commis voyageurs en religion et, pour être plus précis, en religion *catholique*. À l'École normale d'Alger (installée alors au parc de Galland), mon père, comme ses camarades, était *obligé* d'aller à la messe et de communier chaque dimanche. Un jour, excédé par cette contrainte, il a mis l'hostie « consacrée » dans un livre de messe qu'il a fermé ! Le directeur de l'École a été informé de ce fait et n'a pas hésité à exclure mon père de l'école. Voilà ce que veulent les partisans de « l'École libre » (libre... de penser comme eux). Avec la composition de la Chambre des députés actuelle, je crains que le mauvais coup n'aboutisse. *Le Canard enchaîné* a signalé que, dans un département, une centaine de classes de l'École laïque fonctionnent sous le crucifix accroché au mur. Je vois là un abominable attentat contre la conscience des enfants. Que sera-ce, peut-être, dans quelque temps ? Ces pensées m'attristent profondément.

Mon cher Petit, j'arrive au bout de ma 4e page : c'est abuser de ton temps et te prie de m'excuser. Ici, tout va bien. Christian, mon beau-fils, va commencer son 27e mois de service demain !

Sache que, même lorsque je n'écris pas, je pense souvent à vous tous.

Madame Germain et moi vous embrassons tous quatre bien fort.

Affectueusement à vous.

Germain Louis

Je me rappelle la visite que tu as faite, avec tes camarades communiants comme toi, dans notre classe. Tu étais visiblement heureux et fier du costume que tu portais et de la fête que tu célébrais. Sincèrement, j'ai été heureux de votre joie, estimant que si vous faisiez la communion, c'est que cela vous plaisait ? Alors...

20. – ALBERT CAMUS À LOUIS GERMAIN

20 octobre 1959

Cher Monsieur Germain,

Vous avez dû maintenant recevoir le paquet de livres que vous m'avez demandés. Je vous renvoie en même temps votre mandat. Vous me faites plaisir en me demandant des livres et je ne veux pas que vous les payiez. Vous savez très bien que je ne pourrai jamais reconnaître ce que, moi, je vous dois. Je vis avec cette dette, content de la savoir inépuisable, et plus content encore quand je peux vous faire un petit plaisir.

J'aurais été inquiet de cette mauvaise grippe si vous ne m'aviez pas annoncé en même temps qu'elle était passée. Veillez bien sur vous et ne parlez plus de nous abandonner. Le monde d'aujourd'hui est lourd à porter. Ce sont des hommes comme vous qui aident à le tolérer. Et puis vous êtes bâti en ciment armé. Sans compter que Madame Germain est là.

Tout va bien ici. Les enfants sont en troisième : grec, latin, maths, etc. Mais ils n'ont pas eu de Monsieur Germain pour leur apprendre l'orthographe et ils découragent leur père sur ce point. À quoi ça sert, dit mon fils, puisqu'on ira dans la lune !

Ah ! Ce n'était pas à l'E.P.S. de Bel-Abbès que j'ai été nommé, mais au collège[1]. Je n'y ai pas fait long feu. Le destin !

J'irai cet hiver à Alger et donc je vais vous voir. Demandez-moi d'ici là tout ce que vous désirez. J'adresse de respectueuses amitiés à Madame Germain, mille vœux à Christian, et pour vous, cher Monsieur Germain, je vous embrasse, de tout mon cœur.

Albert Camus

---

1. Fin septembre 1937, Camus se voit attribuer un poste d'enseignant au collège de Sidi-Bel-Abbès, poste qu'il refusera finalement.

« L'école »

Chapitre du *Premier homme*[1]

---

1. Dans ce texte, qui appartient à la partie « Recherche du père » de son grand roman inachevé, *Le premier homme*, Camus évoque particulièrement le personnage de l'instituteur Monsieur Bernard, dont l'identité du modèle ne laisse pas de place au doute (son nom y apparaît d'ailleurs à une reprise) : Louis Germain.
Nous reprenons ici, à l'exception des variantes, le chapitre 6 bis du roman tel qu'il est paru dans l'édition établie et annotée par Catherine Camus en 1994. Les crochets signalent les mots dont la lecture laissait place à un doute au sein des brouillons alors retranscrits. *(N.d.É)*

Celui-là n'avait pas connu son père, mais il lui en parlait souvent sous une forme un peu mythologique, et, dans tous les cas, à un moment précis, il avait su remplacer ce père. C'est pourquoi Jacques ne l'avait jamais oublié, comme si, n'ayant jamais éprouvé réellement l'absence d'un père qu'il n'avait pas connu, il avait reconnu cependant inconsciemment, étant enfant d'abord, puis tout au long de sa vie, le seul geste paternel, à la fois réfléchi et décisif, qui fût intervenu dans sa vie d'enfance. Car Monsieur Bernard, son instituteur de la classe du certificat d'études, avait pesé de tout son poids d'homme, à un moment donné, pour modifier le destin de cet enfant dont il avait la charge, et il l'avait modifié en effet.

Pour le moment, Monsieur Bernard était là devant Jacques dans son petit appartement des tournants Rovigo, presque au pied de la Casbah, un quartier qui dominait la ville et la mer, occupé par des petits commerçants de toutes races et de toutes religions, où les maisons sentaient à la fois les épices et la pauvreté. Il était là, vieilli, le cheveu plus rare, des taches de vieillesse derrière le tissu maintenant vitrifié des joues et des mains, se déplaçant plus lentement que jadis, et visiblement content dès qu'il pouvait se rasseoir dans son fauteuil de rotin, près de la fenêtre qui donnait sur la rue commerçante et où pépiait un canari, attendri aussi par l'âge et laissant paraître son émotion, ce qu'il n'eût pas fait auparavant, mais droit encore, et la voix forte et ferme, comme au temps où, planté devant sa classe, il disait : « En rangs par deux. Par deux ! Je n'ai pas dit par cinq ! » Et la bousculade cessait, les élèves, dont Monsieur Bernard était craint et adoré en même temps, se rangeaient le long du mur extérieur de la classe, dans la galerie du premier étage, jusqu'à ce que, les rangs enfin réguliers et immobiles, les enfants silencieux, un « Entrez maintenant, bande de tramousses » les libérait, leur donnant le signal du mouvement et d'une animation plus discrète que Monsieur Bernard, solide, élégamment habillé, son fort visage régulier couronné de cheveux un peu clairsemés mais bien lisses, fleurant l'eau de Cologne, surveillait avec bonne humeur et sévérité.

L'école se trouvait dans une partie relativement neuve de ce vieux quartier, parmi des maisons à un ou deux étages construites peu après la guerre de 70 et des entrepôts plus récents et qui avaient fini par relier la rue principale du quartier où se trouvait la maison de Jacques à l'arrière-port d'Alger où se trouvaient les quais aux charbons. Jacques se rendait donc à pied, deux fois par jour, à cette école qu'il avait commencé de fréquenter à l'âge de quatre ans dans la section maternelle dont il ne gardait aucun souvenir, sinon celui d'un lavabo de pierre sombre qui occupait tout le fond du préau couvert et où il avait atterri un jour tête la première, pour se relever couvert de sang, l'arcade sourcilière ouverte, au milieu de l'affolement des institutrices, et il avait fait connaissance alors avec les agrafes, qu'on lui avait à peine enlevées, à vrai dire, qu'il fallait les lui replacer sur l'autre arcade sourcilière, son frère ayant imaginé de le coiffer à la maison d'un vieux melon qui l'aveuglait et d'un vieux manteau qui entravait ses pas, si bien qu'il se retrouva la tête contre un des moellons descellé du carrelage et dans le sang à nouveau. Mais déjà il allait à la maternelle avec Pierre, d'un an ou presque plus âgé que lui, qui habitait dans une rue proche avec sa mère veuve de guerre elle aussi et devenue employée des postes, et deux de ses oncles qui travaillaient au chemin de fer. Leurs familles étaient vaguement amies, ou comme on l'est dans ces quartiers, c'est-à-dire qu'on s'estimait sans presque jamais se rendre visite et qu'on était très décidé à s'aider les uns les autres sans presque jamais en avoir l'occasion. Seuls les enfants étaient devenus véritablement amis, depuis ce premier jour où, Jacques portant encore une robe et confié à Pierre, conscient de ses culottes et de son devoir d'aîné, les deux enfants étaient allés ensemble à l'école maternelle. Ils avaient ensuite parcouru ensemble la série des classes jusqu'à celle du certificat d'études, où Jacques entra à neuf ans. Pendant cinq années, ils avaient fait quatre fois le même parcours, l'un blond, l'autre brun, l'un placide, l'autre bouillant, mais frères par l'origine et le destin, bons élèves tous les deux, et en même temps joueurs infatigables. Jacques brillait plus en certaines matières, mais sa conduite, et son étourderie, son désir de paraître aussi qui le poussait à mille sottises, redonnaient l'avantage à Pierre, plus réfléchi et plus secret. Si bien qu'ils prenaient tour à tour la tête de leur classe, sans songer à en tirer des plaisirs de vanité, au contraire de leurs familles. Leurs plaisirs à eux étaient différents. Le matin, Jacques attendait Pierre au bas de sa maison. Ils partaient avant le passage des boueux, ou plus exactement de la charrette attelée d'un cheval couronné que conduisait un vieil Arabe. Le trottoir était encore mouillé de l'humidité de la nuit, l'air venu de la mer avait un goût de sel. La rue de Pierre, qui conduisait au marché, était jalonnée de poubelles, que des Arabes ou des Mauresques faméliques, parfois un vieux clochard espagnol, avaient crochetées à l'aube, trouvant encore à prendre dans ce que des familles pauvres et économes dédaignaient assez pour le jeter. Les couvercles de ces poubelles étaient généralement rabattus, et à cette heure de la matinée les chats vigoureux et maigres du quartier avaient pris la place des loqueteux. Il s'agissait pour les deux enfants d'arriver assez silencieusement derrière les poubelles pour rabattre brusquement le couvercle sur le chat qui se trouvait dans la poubelle. Cet exploit n'était pas commode, car les chats nés et grandis dans un quartier pauvre avaient la vigilance et la prestesse des bêtes habituées à défendre leur droit de vivre. Mais parfois, hypnotisé par une trouvaille appétissante et difficile à extraire du monceau d'ordures, un chat se laissait surprendre. Le couvercle se rabattait avec bruit, le chat poussait un hurlement de frayeur, jouait convulsivement du dos et des griffes, et parvenait à soulever le toit de sa prison de zinc, à s'en extraire, le poil hérissé de frayeur, et à détaler comme s'il avait une meute de chiens à ses trousses, au milieu des éclats de rire de ses bourreaux fort peu conscients de leur cruauté.

À vrai dire, ces bourreaux étaient aussi inconséquents puisqu'ils poursuivaient de leur détestation le capteur de chiens, surnommé par les enfants du quartier Galoufa[1] (qui en espagnol...). Ce fonctionnaire municipal opérait à peu près à la même heure, mais, selon les nécessités, il faisait aussi des tournées d'après-midi. C'était un Arabe habillé à l'européenne, qui se tenait ordinairement à l'arrière d'un étrange véhicule attelé de deux chevaux, conduit par un vieil Arabe impassible. Le corps de la voiture était constitué par une sorte de cube de bois, sur la longueur duquel on avait ménagé, de chaque côté, une double rangée de cages aux solides barreaux. L'ensemble offrait seize cages, dont chacune pouvait contenir un chien, qui se trouvait alors coincé entre les barreaux et le fond de la cage. Juché sur un petit marchepied à l'arrière de la voiture, le capteur avait le nez à la hauteur du toit des cages et pouvait ainsi surveiller son terrain de chasse. La voiture roulait

---

1. L'origine de ce nom provenait de la première personne qui avait accepté cette fonction et qui se nommait réellement Galoufa.

lentement à travers les rues mouillées qui commençaient à se peupler d'enfants en route vers l'école, de ménagères allant chercher leur pain ou leur lait, en peignoirs de pilou ornés de fleurs violentes, et de marchands arabes regagnant le marché, leurs petits éventaires pliés sur l'épaule et tenant de l'autre main un énorme couffin de paille tressée qui contenait leurs marchandises. Et tout d'un coup, sur un appel du capteur, le vieil Arabe tirait les rênes en arrière et la voiture s'arrêtait. Le capteur avait avisé une de ses misérables proies, qui creusait fébrilement une poubelle, jetant régulièrement des regards affolés en arrière, ou bien encore trottant rapidement le long d'un mur avec cet air pressé et inquiet des chiens mal nourris. Galoufa saisissait alors sur le sommet de la voiture un nerf de bœuf terminé par une chaîne de fer qui coulissait par un anneau le long du manche. Il avançait du pas souple, rapide et silencieux du trappeur vers la bête, la rejoignait et, si elle ne portait pas le collier qui est la marque des fils de famille, courait vers lui[1] avec une brusque et étonnante vélocité, et lui passait autour du cou son arme qui fonctionnait alors comme un lasso de fer et de cuir. La bête, étranglée d'un seul coup, se débattait

---

1. *Sic.*

follement en poussant des plaintes inarticulées. Mais l'homme [la] traînait rapidement jusqu'à la voiture, ouvrait l'une des portes-barreaux et, soulevant le chien en l'étranglant de plus en plus, le jetait dans la cage en ayant soin de faire repasser le manche de son lasso à travers les barreaux. Le chien capturé, il redonnait du jeu à la chaîne de fer et libérait le cou du chien maintenant captif. Du moins, les choses se passaient ainsi quand le chien ne recevait pas la protection des enfants du quartier. Car tous étaient ligués contre Galoufa. Ils savaient que les chiens capturés étaient menés à la fourrière municipale, gardés pendant trois jours, passés lesquels, si personne ne venait les réclamer, les bêtes étaient mises à mort. Et quand ils ne l'auraient pas su, le pitoyable spectacle de la charrette de mort rentrant après une tournée fructueuse, chargée de malheureuses bêtes de tous les poils et de toutes les tailles, épouvantées derrière leurs barreaux et laissant derrière la voiture un sillage de gémissements et de hurlements à la mort, aurait suffi à les indigner. Aussi, dès que la voiture cellulaire apparaissait dans le quartier, les enfants se mettaient en alerte les uns les autres. Ils se répandaient eux-mêmes dans toutes les rues du quartier pour traquer les chiens à leur tour, mais afin de les chasser dans d'autres secteurs de la ville, loin du terrible lasso. Si, malgré ces précautions, comme il arriva plusieurs fois à Pierre et à Jacques, le capteur découvrait un chien errant en leur présence, la tactique était toujours la même. Jacques et Pierre, avant que le chasseur ait pu approcher suffisamment son gibier, se mettaient à hurler : « Galoufa, Galoufa » sur un mode si aigu et si terrible que le chien détalait de toute sa vitesse et se trouvait hors de portée en quelques secondes. À ce moment, il fallait que les deux enfants fissent eux-mêmes la preuve de leurs dons pour la course de vitesse, car le malheureux Galoufa, qui recevait une prime par chien capturé, fou de rage, les prenait en chasse en brandissant son nerf de bœuf. Les grandes personnes aidaient généralement leur fuite, soit en gênant Galoufa, soit en l'arrêtant tout droit et en le priant de s'occuper des chiens. Les travailleurs du quartier, tous chasseurs, aimaient les chiens ordinairement et n'avaient aucune considération pour ce curieux métier. Comme disait l'oncle Ernest : « Lui feignant ! » Au-dessus de toute cette agitation, le vieil Arabe qui conduisait les chevaux régnait, silencieux, impassible, ou, si les discussions se prolongeaient, se mettait tranquillement à rouler une cigarette. Qu'ils aient capturé des chats ou délivré des chiens, les enfants se hâtaient ensuite, pèlerines au vent si c'était l'hiver, et faisant claquer leurs spartiates (appelées mevas) si c'était l'été, vers l'école et le travail. Un coup d'œil aux étalages de fruits en traversant le marché, et selon la saison des montagnes de nèfles, d'oranges et de mandarines, d'abricots, de pêches, de mandarines[1], de melons, de pastèques défilaient autour d'eux qui ne goûteraient, et en quantité limitée, que les moins chers d'entre eux ; deux ou trois passes à cheval d'arçons sans lâcher le cartable, sur le gros bassin vernissé du jet d'eau, et ils filaient le long des entrepôts du boulevard Thiers, encaissaient en pleine figure l'odeur d'oranges qui sortait de l'usine où on les pelait pour préparer des liqueurs avec leur écorce, remontaient une petite rue de jardins et de villas, et débouchaient enfin sur la rue Aumerat grouillante d'une foule enfantine qui, au milieu des conversations des uns et des autres, attendait l'ouverture des portes.

Ensuite c'était la classe. Avec M. Bernard, cette classe était constamment intéressante pour la simple raison qu'il aimait passionnément son métier. Au-dehors, le soleil pouvait hurler sur les murs fauves pendant que la chaleur crépitait dans la salle elle-même pourtant plongée

---

1. *Sic.*

dans l'ombre des stores à grosses rayures jaunes et blanches. La pluie pouvait aussi bien tomber comme elle le fait en Algérie, en cataractes interminables, faisant de la rue un puits sombre et humide, la classe était à peine distraite. Seules les mouches par temps d'orage détournaient parfois l'attention des enfants. Elles étaient capturées et atterrissaient dans les encriers, où elles commençaient une mort hideuse, noyées dans les boues violettes qui emplissaient les petits encriers de porcelaine à tronc conique qu'on fichait dans les trous de la table. Mais la méthode de M. Bernard, qui consistait à ne rien céder sur la conduite et à rendre au contraire vivant et amusant son enseignement, triomphait même des mouches. Il savait toujours tirer au bon moment de son armoire aux trésors la collection de minéraux, l'herbier, les papillons et les insectes naturalisés, les cartes ou... qui réveillaient l'intérêt fléchissant de ses élèves. Il était le seul dans l'école à avoir obtenu une lanterne magique et, deux fois par mois, il faisait des projections sur des sujets d'histoire naturelle ou de géographie. En arithmétique, il avait institué un concours de calcul mental qui forçait l'élève à la rapidité d'esprit. Il lançait à la classe, où tous devaient avoir les bras croisés, les termes d'une division, d'une multiplication ou parfois d'une addition un peu compliquée. Combien font 1 267 + 691. Le premier qui donnait le résultat juste était crédité d'un bon point à valoir sur le classement mensuel. Pour le reste, il utilisait les manuels avec compétence et précision… Les manuels étaient toujours ceux qui étaient en usage dans la métropole. Et ces enfants qui ne connaissaient que le sirocco, la poussière, les averses prodigieuses et brèves, le sable des plages et la mer en flammes sous le soleil, lisaient avec application, faisant sonner les virgules et les points, des récits pour eux mythiques où des enfants à bonnet et cache-nez de laine, les pieds chaussés de sabots, rentraient chez eux dans le froid glacé en traînant des fagots sur des chemins couverts de neige, jusqu'à ce qu'ils aperçoivent le toit enneigé de la maison où la cheminée qui fumait leur faisait savoir que la soupe aux pois cuisait dans l'âtre. Pour Jacques, ces récits étaient l'exotisme même. Il en rêvait, peuplait ses rédactions de descriptions d'un monde qu'il n'avait jamais vu, et ne cessait de questionner sa grand-mère sur une chute de neige qui avait eu lieu pendant une heure vingt ans auparavant sur la région d'Alger. Ces récits faisaient partie pour lui de la puissante poésie de l'école, qui s'alimentait aussi de l'odeur de vernis des règles et des plumiers, de la saveur délicieuse de la bretelle de son cartable qu'il mâchouillait longuement en peinant sur son travail, de l'odeur amère et rêche de l'encre violette, surtout lorsque son tour était venu d'emplir les encriers avec une énorme bouteille sombre dans le bouchon duquel un tube de verre coudé était enfoncé, et Jacques reniflait avec bonheur l'orifice du tube, du doux contact des pages lisses et glacées de certains livres, d'où montait aussi une bonne odeur d'imprimerie et de colle, et, les jours de pluie enfin, de cette odeur de laine mouillée qui montait des cabans de laine au fond de la salle et qui était comme la préfiguration de cet univers édénique où les enfants en sabots et en bonnet de laine couraient à travers la neige vers la maison chaude.

Seule l'école donnait à Jacques et à Pierre ces joies. Et sans doute ce qu'ils aimaient si passionnément en elle, c'est ce qu'ils ne trouvaient pas chez eux, où la pauvreté et l'ignorance rendaient la vie plus dure, plus morne, comme refermée sur elle-même ; la misère est une forteresse sans pont-levis.

Mais ce n'était pas seulement cela, puisque Jacques se sentait le plus misérable des enfants, aux vacances, quand, pour se débarrasser de ce gamin infatigable, la grand-mère l'envoyait en colonie de vacances avec une cinquantaine d'autres enfants et une poignée de moniteurs, dans les montagnes du Zaccar, à Miliana, où ils occupaient l'école équipée avec des dortoirs, mangeant et dormant confortablement, jouant ou se promenant à longueur de journées, surveillés par de gentilles infirmières, et avec tout cela, quand le soir arrivait, que l'ombre remontait à toute vitesse les pentes des montagnes et que de la caserne voisine le clairon commençait à jeter, dans l'énorme silence de la petite ville perdue dans les montagnes à une centaine de kilomètres de tout lieu vraiment visité, les notes mélancoliques du couvre-feu, l'enfant sentait monter en lui un désespoir sans bornes et criait en silence après la pauvre maison démunie de tout de son enfance.

Non, l'école ne leur fournissait pas seulement une évasion à la vie de famille. Dans la classe de M. Bernard du moins, elle nourrissait en eux une faim plus essentielle encore à l'enfant qu'à l'homme et qui est la faim de la découverte. Dans les autres classes, on leur apprenait sans doute beaucoup de choses, mais un peu comme on gave les oies. On leur présentait une nourriture toute faite en les priant de vouloir bien l'avaler. Dans la classe de M. Germain[1], pour la première fois ils sentaient qu'ils existaient

---

1. Ici l'auteur donne à l'instituteur son vrai nom.

et qu'ils étaient l'objet de la plus haute considération : on les jugeait dignes de découvrir le monde. Et même leur maître ne se vouait pas seulement à leur apprendre ce qu'il était payé pour leur enseigner, il les accueillait avec simplicité dans sa vie personnelle, il la vivait avec eux, leur racontant son enfance et l'histoire d'enfants qu'il avait connus, leur exposait ses points de vue, non point ses idées, car il était par exemple anticlérical comme beaucoup de ses confrères et n'avait jamais en classe un seul mot contre la religion, ni contre rien de ce qui pouvait être l'objet d'un choix ou d'une conviction, mais il n'en condamnait qu'avec plus de force ce qui ne souffrait pas de discussion, le vol, la délation, l'indélicatesse, la malpropreté.

Mais surtout il leur parlait de la guerre encore toute proche et qu'il avait faite pendant quatre ans, des souffrances des soldats, de leur courage, de leur patience et du bonheur de l'armistice. À la fin de chaque trimestre, avant de les renvoyer en vacances, et de temps en temps, quand l'emploi du temps le lui permettait, il avait pris l'habitude de leur lire de longs extraits des *Croix de bois* de Dorgelès. Pour Jacques, ces lectures lui ouvraient encore les portes de l'exotisme, mais d'un exotisme où la peur et le malheur rôdaient, bien qu'il ne fît jamais de rapprochement, sinon théorique, avec le père qu'il n'avait pas connu. Il écoutait seulement avec tout son cœur une histoire que son maître lisait avec tout son cœur et qui lui parlait à nouveau de la neige et de son cher hiver, mais aussi d'hommes singuliers, vêtus de lourdes étoffes raidies par la boue, qui parlaient un étrange langage, et vivaient dans des trous sous un plafond d'obus, de fusées et de balles. Lui et Pierre attendaient chaque lecture avec une impatience chaque fois plus grande. Cette guerre dont tout le monde parlait encore (et Jacques écoutait silencieusement mais de toutes ses oreilles Daniel quand il racontait à sa manière la bataille de la Marne, qu'il avait faite et dont il ne savait encore comment il était revenu quand, eux les zouaves, disait-il, on les avait fait mettre en tirailleurs et puis à la charge on descendait dans un ravin à la charge et il n'y avait personne devant eux et ils marchaient et tout d'un coup les mitrailleurs quand ils étaient à mi-pente tombaient les uns sur les autres et le fond du ravin plein de sang et ceux qui criaient maman c'était terrible), que les survivants ne pouvaient oublier et dont l'ombre planait sur tout ce qui se décidait autour d'eux et sur tous les projets qu'on faisait pour une histoire fascinante et plus extraordinaire que les contes de fées qu'on lisait dans d'autres classes et qu'ils auraient écoutés avec déception et ennui si M. Bernard s'était avisé de changer de programme. Mais il continuait, les scènes amusantes alternaient avec des descriptions terribles, et peu à peu les enfants africains faisaient la connaissance de... x y z qui faisaient partie de leur société, dont ils parlaient entre eux comme de vieux amis, présents et si vivants que Jacques du moins n'imaginait pas une seconde que, bien qu'ils vécussent dans la guerre, ils pussent risquer d'en être victimes. Et le jour, à la fin de l'année, où, parvenu à la fin du livre, M. Bernard lut d'une voix plus sourde la mort de D., lorsqu'il referma le livre en silence, confronté avec son émotion et ses souvenirs, pour lever ensuite les yeux sur sa classe plongée dans la stupeur et le silence, il vit Jacques au premier rang qui le regardait fixement, le visage couvert de larmes, secoué de sanglots interminables, qui semblaient ne devoir jamais s'arrêter. « Allons petit, allons petit », dit M. Bernard d'une voix à peine perceptible, et il se leva pour aller ranger son livre dans l'armoire, le dos à la classe.

« Attends, petit », dit M. Bernard. Il se leva péniblement, passa l'ongle de son index sur les barreaux de la cage du canari, qui pépia de plus belle : « Ah ! Casimir, on a faim, on demande à son père », et il se [propagea] vers son petit bureau d'écolier au fond de la pièce, près de la cheminée. Il fourragea dans un tiroir, le referma, en ouvrit un autre, en tira quelque chose. « Tiens, dit-il, c'est pour toi. » Jacques reçut un livre couvert de papier brun d'épicerie et sans inscription sur la couverture. Avant même de l'ouvrir, il sut que c'était *Les Croix de bois*, l'exemplaire même sur lequel M. Bernard faisait la lecture en classe. « Non, non, dit-il, c'est... » Il voulait dire : c'est trop beau. Il ne trouvait pas de mots. M. Bernard hochait sa vieille tête. « Tu as pleuré le dernier jour, tu te souviens ? Depuis ce jour, ce livre t'appartient. » Et il se détourna pour cacher ses yeux soudain rougis. Il alla encore vers son bureau, puis, ses mains derrière le dos, revint vers Jacques et, brandissant sous son nez une courte et forte règle rouge, lui dit en riant : « Tu te souviens du sucre d'orge ? — Ah, Monsieur Bernard, dit Jacques, vous l'avez donc gardé ! Vous savez que c'est interdit maintenant. — Peuh, c'était interdit à l'époque. Tu es témoin pourtant que je m'en servais ! » Jacques était témoin, car M. Bernard était pour les châtiments corporels. La punition ordinaire consistait seulement, il est vrai, en mauvais points, qu'il déduisait à la fin du mois du nombre de points acquis par l'élève et qui le faisaient descendre alors dans le classement général. Mais, dans les cas graves, M. Bernard ne se souciait nullement, comme le faisaient souvent ses collègues, d'envoyer le contrevenant chez le directeur. Il opérait lui-même suivant un rite immuable. « Mon pauvre Robert », disait-il avec calme et en gardant sa bonne humeur, « il va falloir passer au sucre d'orge ». Personne dans la classe ne réagissait (sinon pour rire sous cape, selon la règle constante du cœur humain qui veut que la punition des uns est ressentie comme une jouissance par les autres). L'enfant se levait, pâle, mais la plupart du temps essayait de faire bonne contenance (certains sortaient de leur table en ravalant déjà leurs larmes et se dirigeaient vers le bureau à côté duquel se tenait déjà M. Bernard, devant le tableau noir). Toujours selon le rite, où entrait ici alors une pointe de sadisme, Robert ou Joseph allait prendre lui-même sur le bureau le « sucre d'orge » pour le remettre au sacrificateur.

Le sucre d'orge était une grosse et courte règle de bois rouge, tachée d'encre, déformée par des encoches et des entailles, que M. Bernard avait confisquée longtemps auparavant à un élève oublié ; l'élève la remettait à M. Bernard, qui la recevait d'un air généralement goguenard et qui écartait alors les jambes. L'enfant devait placer sa tête entre les genoux du maître qui, resserrant les cuisses, la maintenait fortement. Et sur les fesses ainsi offertes, M. Bernard plaçait selon l'offense un nombre variable de bons coups de règle répartis également sur chaque fesse. Les réactions à cette punition différaient suivant les élèves. Les uns gémissaient avant même de recevoir les coups, et le maître impavide remarquait alors qu'ils étaient en avance, les autres se protégeaient ingénument les fesses de leurs mains, que M. Bernard écartait alors d'un coup négligent. D'autres, sous la brûlure des coups de règle, ruaient férocement. Il y avait aussi ceux, dont faisait partie Jacques, qui subissaient les coups sans mot dire, frémissant, et qui regagnaient leur place en ravalant de grosses larmes. Dans l'ensemble, cependant, cette punition était acceptée sans amertume, d'abord parce que presque tous ces enfants étaient battus chez eux et que la correction leur paraissait un mode naturel d'éducation, ensuite parce que l'équité du maître était absolue, qu'on savait d'avance quelle sorte d'infractions, toujours les mêmes, entraînait la cérémonie expiatoire, et tous ceux qui franchissaient la limite des actions ne relevant que du mauvais point savaient ce qu'ils risquaient, et que la sentence était appliquée aux premiers comme aux derniers avec une égalité chaleureuse. Jacques, que M. Bernard aimait visiblement beaucoup, y passait comme les autres, et il dut même y passer le lendemain du jour où M. Bernard lui avait manifesté publiquement sa préférence. Alors que Jacques se trouvait au tableau noir et que, sur une bonne réponse, M. Bernard lui avait caressé la joue, une voix ayant murmuré : « chouchou » dans la salle, M. Bernard l'avait pris contre lui et avait dit avec une sorte de gravité : « Oui, j'ai une préférence pour Cormery comme pour tous ceux d'entre vous qui ont perdu leur père à la guerre. Moi, j'ai fait la guerre avec leurs pères et je suis vivant. J'essaie de remplacer ici au moins mes camarades morts. Et maintenant, si quelqu'un veut dire que j'ai des "chouchous", qu'il parle ! » Cette harangue fut accueillie par un silence total. À la sortie, Jacques demanda qui l'avait appelé « chouchou ». Accepter en effet une telle insulte sans réagir revenait à perdre l'honneur. « Moi », dit Munoz, un grand garçon blond assez mou et incolore, qui se manifestait rarement mais qui avait toujours manifesté son antipathie à Jacques. « Bon, dit Jacques. Alors la putain de ta mère. » C'était là aussi une injure rituelle qui entraînait immédiatement la bataille, l'insulte à la mère et aux morts étant de toute éternité la plus grave sur les bords de la Méditerranée. Munoz hésitait cependant. Mais les rites sont les rites, et les autres parlèrent pour lui. « Allez, au champ vert. » Le champ vert était, non loin de l'école, une sorte de terrain vague où croissait par croûtes une herbe chétive et qui était encombré de vieux cercles, de boîtes de conserve et de tonneaux pourris. C'est là qu'avaient lieu les « donnades ». Les donnades étaient simplement des duels, où le poing remplaçait l'épée, mais qui obéissaient à un cérémonial identique, dans son esprit au moins. Ils visaient en effet à vider une querelle où l'honneur d'un des adversaires était en jeu, soit qu'on eût insulté ses ascendants directs ou ses aïeux, soit qu'on eût déprécié sa nationalité ou sa race, soit qu'il eût été dénoncé ou accusé de l'être, volé ou accusé d'avoir volé, ou encore pour des raisons plus obscures telles qu'il en naît tous les jours dans une société d'enfants. Lorsqu'un des élèves estimait, ou surtout lorsqu'on estimait à sa place (et qu'il s'en rendait compte), qu'il avait été offensé de telle manière qu'il fallait laver l'offense, la formule rituelle était : « À quatre heures, au champ vert. » Dès que la formule était prononcée, l'excitation tombait et les commentaires cessaient. Chacun des adversaires se retirait, suivi de ses camarades. Pendant les classes qui suivaient, la nouvelle courait de banc à banc avec le nom des champions que les camarades lorgnaient du coin de l'œil et qui affectaient en conséquence le calme et la résolution propres à la virilité. Intérieurement, c'était autre chose, et les plus courageux étaient distraits de leur travail par l'angoisse de voir arriver le moment où il faudrait affronter la violence. Mais il ne fallait pas que les camarades du camp adverse puissent ricaner et accuser le champion, selon l'expression consacrée, de « serrer les fesses ».

Jacques, ayant fait son devoir d'homme en provoquant Munoz, les serrait en tout cas généreusement, comme chaque fois qu'il se mettait en situation d'affronter la violence et de l'exercer. Mais sa résolution était prise et il n'était pas question une seule seconde, dans son esprit, qu'il pût reculer. C'était l'ordre des choses, et il savait aussi que ce léger écœurement qui lui serrait le cœur avant l'action disparaîtrait au moment du combat, emporté par sa propre violence, qui d'ailleurs le desservait tactiquement autant qu'elle le servait... et qui lui avait valu à[1].

Le soir du combat avec Munoz, tout se déroula selon les rites. Les combattants, suivis de leurs

---

1. Le passage s'arrête ici.

supporters transformés en soigneurs et qui déjà portaient le cartable du champion, gagnèrent les premiers le champ vert, suivis par tous ceux que la bagarre attirait et qui, sur le champ de bataille, entouraient pour finir les adversaires, qui se débarrassaient de leur pèlerine et de leur veste dans les mains de leurs soigneurs. Cette fois-là, son impétuosité servit Jacques qui avança le premier, sans trop de conviction, fit reculer Munoz qui, reculant en désordre et parant maladroitement les crochets de son adversaire, atteignit Jacques à la joue d'un coup qui lui fit mal et le remplit de colère rendue plus aveugle encore par les cris, les rires, les encouragements de l'assistance. Il se rua vers Munoz, fit pleuvoir une grêle de coups de poing sur lui, le désempara, et fut assez heureux pour placer un crochet rageur sur l'œil droit du malheureux qui, en plein déséquilibre, tomba piteusement sur les fesses, pleurant d'un œil, pendant que l'autre gonflait immédiatement. L'œil au beurre noir, coup royal et très recherché parce qu'il consacrait pour plusieurs jours, et de manière visible, le triomphe du vainqueur, fit pousser à toute l'assistance des hurlements de Sioux. Munoz ne se releva pas tout de suite, et aussitôt Pierre, l'ami intime, intervint avec autorité pour déclarer Jacques vainqueur, lui enfiler sa veste,

« *L'école* », *chapitre du* Premier homme

le couvrir de sa pèlerine et l'emmener, entouré d'un cortège d'admirateurs, pendant que Munoz se relevait, toujours pleurant, et se rhabillait au milieu d'un petit cercle consterné. Jacques, étourdi par la rapidité d'une victoire qu'il n'espérait pas si complète, entendait à peine autour de lui les félicitations et les récits du combat déjà enjolivé. Il voulait être content, il l'était quelque part dans sa vanité, et cependant, au moment de sortir du champ vert, se retournant sur Munoz, une morne tristesse lui serra soudain le cœur en voyant le visage déconfit de celui qu'il avait frappé. Et il connut ainsi que la guerre n'est pas bonne, puisque vaincre un homme est aussi amer que d'en être vaincu.

Pour parfaire encore son éducation, on lui fit connaître sans délai que la roche Tarpéienne est près du Capitole. Le lendemain, en effet, sous les bourrades admiratives de ses camarades, il se crut obligé de prendre un air faraud et de crâner. Comme, au début de la classe, Munoz ne répondait pas à l'appel, les voisins de Jacques commentaient cette absence par des ricanements ironiques et des clins d'œil au vainqueur, Jacques eut la faiblesse de montrer à ses camarades son œil à demi fermé en gonflant sa joue, et, sans se rendre compte que M. Bernard le regardait, en se livrant à une grotesque mimique qui disparut en un clin d'œil lorsque la voix du maître résonna dans la salle soudain silencieuse : « Mon pauvre chouchou, disait ce pince-sans-rire, tu as droit comme les autres au sucre d'orge. » Le triomphateur dut se lever, chercher l'instrument de supplice, et entra, dans la fraîche odeur d'eau de Cologne qui entourait M. Bernard, prendre enfin la posture ignominieuse du supplice.

L'affaire Munoz ne devait pas se conclure sur cette leçon de philosophie pratique. L'absence du garçon dura deux jours, et Jacques était vaguement inquiet malgré ses airs farauds lorsque, le troisième jour, un grand élève entra dans la classe et prévint M. Bernard que le directeur demandait l'élève Cormery. On n'était appelé chez le directeur que dans des cas graves, et l'instituteur, levant ses gros sourcils, dit seulement : « Dépêche-toi, moustique. J'espère que tu n'as pas fait de bêtise. » Jacques, les jambes molles, suivait le grand élève le long de la galerie au-dessus de la cour cimentée et plantée de faux poivriers dont l'ombre grêle ne protégeait pas de la chaleur torride, jusqu'au bureau du directeur qui se trouvait à l'autre extrémité de la galerie. La première chose qu'il vit en entrant fut, devant le bureau du directeur, Munoz encadré par une dame et un monsieur à l'air renfrogné.

Malgré l'œil tuméfié et complètement fermé qui défigurait son camarade, il eut une sensation de soulagement à le retrouver vivant. Mais il n'eut pas le temps de savourer ce soulagement. « Est-ce toi qui as frappé ton camarade ? » dit le directeur, un petit homme chauve au visage rose et à la voix énergique. « Oui », dit Jacques d'une voix blanche. « Je vous l'avais dit, monsieur, dit la dame. André n'est pas un voyou. » « On s'est battus, dit Jacques. — Je n'ai pas à le savoir, dit le directeur. Tu sais que j'interdis toute bataille, même en dehors de l'école. Tu as blessé ton camarade et tu aurais pu le blesser encore plus gravement. À titre de premier avertissement, tu garderas le piquet pendant une semaine à toutes les récréations. Si tu recommences, tu seras mis à la porte. J'aviserai tes parents de ta punition. Tu peux retourner dans ta classe. » Jacques, sidéré, restait immobile. « Va », dit le directeur. « Eh bien, Fantômas ? » dit M. Bernard quand Jacques rentra dans la classe. Jacques pleurait. « Allez, je t'écoute. » L'enfant, d'une voix entrecoupée, annonça d'abord la punition, puis que les parents de Munoz avaient porté plainte et révéla ensuite la bataille. « Pourquoi vous êtes-vous battus ? — Il m'a appelé "chouchou". — Une deuxième fois ? — Non, ici, en classe. — Ah ! c'était lui ! Et tu estimais que je ne t'avais pas assez défendu. » Jacques regardait M. Bernard de tout son cœur. « Oh si ! Oh si ! Vous... » Et il éclata en vrais sanglots. « Va t'asseoir, dit M. Bernard. — Ce n'est pas juste », dit l'enfant dans les larmes. « Si », lui dit doucement[1].

Le lendemain, à la récréation, Jacques se mit au piquet dans le fond du préau, le dos tourné à la cour, aux cris joyeux des camarades. Il changeait d'appui sur ses jambes, il mourait d'envie de courir lui aussi. De temps en temps, il jetait un regard en arrière et voyait M. Bernard qui se promenait avec ses collègues dans un coin de la cour sans le regarder. Mais, le deuxième jour, il ne le vit pas arriver dans son dos et lui claquer doucement la nuque : « Ne fais pas cette tête, rase-mottes. Munoz est au piquet aussi. Tiens, je t'autorise à regarder. » De l'autre côté de la cour, Munoz était seul en effet et morose. « Tes complices refusent de jouer avec lui pendant toute la semaine où tu seras au piquet. » M. Bernard riait. « Tu vois, vous êtes punis tous les deux. C'est régulier. » Et il se pencha vers l'enfant pour lui dire, avec un rire d'affection qui fit monter un flot de tendresse au cœur du condamné : « Dis donc, moustique, on ne croirait pas à te voir que tu as un tel crochet ! »

---

1. Le passage s'arrête là.

« L'école », chapitre du Premier homme

Cet homme-là, qui parlait aujourd'hui à son canari, et qui l'appelait « petit » alors qu'il avait quarante ans, Jacques n'avait jamais cessé de l'aimer, même lorsque les années, l'éloignement, puis enfin la Deuxième Guerre mondiale l'avaient en partie, puis tout à fait séparé de lui dont il était sans nouvelles, heureux comme un enfant au contraire lorsqu'en 1945 un territorial âgé en capote de soldat était venu sonner chez lui, à Paris, et c'était M. Bernard qui s'était engagé de nouveau, « pas pour la guerre, disait-il, mais contre Hitler, et toi aussi petit tu t'es battu, oh je savais que tu étais de la bonne race, tu n'as pas oublié ta mère non plus j'espère, bon ça, ta maman est ce qu'il y a de meilleur au monde, et maintenant je retourne à Alger, viens me voir », et Jacques allait le voir chaque année depuis quinze ans, chaque année comme aujourd'hui où il embrassait avant de partir le vieil homme ému qui lui tenait la main sur le pas de la porte, et c'était lui qui avait jeté Jacques dans le monde, prenant tout seul la responsabilité de le déraciner pour qu'il aille vers de plus grandes découvertes encore.

L'année scolaire tirait à sa fin, et M. Bernard avait ordonné à Jacques, à Pierre, à Fleury, une sorte de phénomène qui réussissait également bien dans toutes les matières, « il a la tête polytechnique », disait le maître, et Santiago, un beau jeune garçon qui avait moins de dons mais réussissait à force d'application : « Voilà, dit M. Bernard quand la classe fut vide. Vous êtes mes meilleurs élèves. J'ai décidé de vous présenter à la bourse des lycées et collèges. Si vous réussissez, vous aurez une bourse et vous pourrez faire toutes vos études au lycée jusqu'au baccalauréat. L'école primaire est la meilleure des écoles. Mais elle ne vous mènera à rien. Le lycée vous ouvre toutes les portes. Et j'aime mieux que ce soit des garçons pauvres comme vous qui entrent par ces portes. Mais pour ça, j'ai besoin de l'autorisation de vos parents. Trottez. »

Ils filèrent, interdits, et, sans même se consulter, se séparèrent. Jacques trouva sa grand-mère seule à la maison qui triait des lentilles sur la toile cirée de la table, dans la salle à manger. Il hésitait, et puis décida d'attendre l'arrivée de sa mère. Elle arriva, visiblement fatiguée, mit un tablier de cuisine et vint aider la grand-mère à trier les lentilles. Jacques proposa son aide, et on lui donna l'assiette de grosse porcelaine blanche sur laquelle il était plus facile de trier la pierre de la bonne lentille. Le nez dans l'assiette, il annonça la nouvelle. « Qu'est-ce que c'est que cette histoire ? dit la grand-mère. À quel âge on passe le bachot ? — Dans six ans », dit Jacques. La grand-mère repoussa son assiette. « Tu entends ? » dit-elle à Catherine Cormery. Elle n'avait pas entendu. Jacques, lentement, lui répéta la nouvelle. « Ah ! dit-elle, c'est parce que tu es intelligent. — Intelligent ou pas, on devait le mettre en apprentissage l'an prochain. Tu sais bien que nous n'avons pas d'argent. Il rapportera sa semaine. — C'est vrai », dit Catherine.

Le jour et la chaleur commençaient de se détendre au-dehors. À cette heure où les ateliers fonctionnaient à plein, le quartier était vide et silencieux. Jacques regardait la rue. Il ne savait pas ce qu'il voulait, sinon qu'il voulait obéir à M. Bernard. Mais, à neuf ans, il ne pouvait ni ne savait désobéir à sa grand-mère. Elle hésitait pourtant, visiblement. « Qu'est-ce que tu ferais après ? — Je ne sais pas. Peut-être instituteur, comme M. Bernard. — Oui, dans six ans ! » Elle triait ses lentilles plus lentement. « Ah ! dit-elle, et puis non, nous sommes trop pauvres. Tu diras à M. Bernard que nous ne pouvons pas. »

Le lendemain, les trois autres annoncèrent à Jacques que leurs familles avaient accepté. « Et toi ? — Je ne sais pas », dit-il, et de se sentir tout d'un coup plus pauvre encore que ses amis lui serrait le cœur. Après la classe, ils restèrent tous les quatre. Pierre, Fleury et Santiago donnèrent leur réponse. « Et toi, moustique ? — Je ne sais pas. » M. Bernard le regardait. « Ça va, dit-il aux autres. Mais il faudra travailler le soir après la classe avec moi. J'arrangerai ça, vous pouvez partir. » Quand ils sortirent, M. Bernard s'assit sur son fauteuil et attira Jacques près de lui. « Alors ? — Ma grand-mère dit que nous sommes trop pauvres et qu'il faut que je travaille l'an prochain. — Et ta mère ? — C'est ma grand-mère qui commande. — Je sais », dit M. Bernard. Il réfléchissait, puis il prit Jacques dans ses bras. « Écoute : il faut la comprendre. La vie est difficile pour elle. À elles deux, elles vous ont élevés, ton frère et toi, et elles ont fait de vous les bons garçons que vous êtes. Alors elle a peur, c'est forcé. Il faudra t'aider encore un peu malgré la bourse, et en tout cas tu ne rapporteras pas d'argent pendant six ans à la maison. Tu la comprends ? » Jacques secoua la tête de bas en haut sans regarder son maître. « Bon. Mais peut-être on peut lui expliquer. Prends ton cartable, je viens avec toi ! — À la maison ? dit Jacques. — Mais oui, ça me fera plaisir de revoir ta mère. »

Un moment après, M. Bernard, sous les yeux interdits de Jacques, frappait à la porte de sa maison. La grand-mère vint ouvrir en s'essuyant les mains avec son tablier dont le cordon trop serré fait rebondir son ventre de vieille femme.

Quand elle vit l'instituteur, elle eut un geste vers ses cheveux pour les peigner. « Alors, la mémé, dit M. Bernard, en plein travail, comme d'habitude ? Ah ! vous avez du mérite. » La grand-mère faisait entrer le visiteur dans la chambre, qu'il fallait traverser pour aller dans la salle à manger, l'installait près de la table, sortait des verres et de l'anisette. « Ne vous dérangez pas, je suis venu faire un bout de conversation avec vous. » Pour commencer, il l'interrogea sur ses enfants, puis sur sa vie à la ferme, sur son mari, il parla de ses propres enfants. À ce moment, Catherine Cormery entra, s'affola, appela M. Bernard « Monsieur le Maître » et repartit dans sa chambre se peigner et mettre un tablier frais, et vint s'installer sur un bout de chaise un peu à l'écart de la table. « Toi, dit M. Bernard à Jacques, va voir dans la rue si j'y suis. Vous comprenez, dit-il à la grand-mère, je vais dire du bien de lui et il est capable de croire que c'est la vérité… » Jacques sortit, dévala les escaliers et se posta sur le pas de la porte d'entrée. Il y était encore une heure plus tard, et la rue s'animait déjà, le ciel à travers les ficus virait au vert, quand M. Bernard déboucha de l'escalier et surgit dans son dos. Il lui grattait la tête. « Eh bien ! dit-il, c'est entendu. Ta grand-mère est une brave femme. Quant à ta mère… Ah ! dit-il, ne l'oublie jamais. » « Monsieur », dit soudain la grand-mère qui surgissait du couloir. Elle tenait son tablier d'une main et essuyait ses yeux. « J'ai oublié... vous m'avez dit que vous donneriez des leçons supplémentaires à Jacques. — Bien sûr, dit M. Bernard. Et il ne va pas s'amuser croyez-moi. — Mais nous ne pourrons pas vous payer. » M. Bernard la regardait attentivement. Il tenait Jacques par les épaules. « Ne vous en faites pas », et il secouait Jacques, « il m'a déjà payé ». Il était déjà parti, et la grand-mère prenait Jacques par la main pour remonter à l'appartement, et pour la première fois elle lui serrait la main, très fort, avec une sorte de tendresse désespérée. « Mon petit, disait-elle, mon petit. »

Pendant un mois, tous les jours après la classe, M. Bernard gardait les quatre enfants pendant deux heures et les faisait travailler. Jacques rentrait le soir à la fois fatigué et excité et se mettait encore à ses devoirs. La grand-mère le regardait avec un mélange de tristesse et de fierté. « Il a bonne tête », disait Ernest, convaincu, en se frappant le crâne du poing. « Oui, disait la grand-mère. Mais qu'allons-nous devenir ? » Un soir, elle sursauta : « Et sa première communion ? » À vrai dire, la religion ne tenait aucune place dans la famille[1]. Personne n'allait à la messe, personne

---

1. En marge : trois lignes illisibles.

n'invoquait ou n'enseignait les commandements divins, et personne non plus ne faisait allusion aux récompenses et aux châtiments de l'au-delà. Quand on disait de quelqu'un, devant la grand-mère, qu'il était mort : « Bon, disait-elle, il ne pétera plus. » S'il s'agissait de quelqu'un pour qui elle était censée au moins avoir de l'affection : « Le pauvre, disait-elle, il était encore jeune », même si le défunt se trouvait être depuis longtemps dans l'âge de la mort. Ce n'était pas inconscience chez elle. Car elle avait beaucoup vu mourir autour d'elle. Ses deux enfants, son mari, son gendre et tous ses neveux à la guerre. Mais justement, la mort lui était aussi familière que le travail ou la pauvreté, elle n'y pensait pas mais la vivait en quelque sorte, et puis la nécessité du présent était trop forte pour elle plus encore que pour les Algériens en général, privés par leurs préoccupations et par leur destin collectif de cette piété funéraire qui fleurit au sommet des civilisations. Pour eux, c'était une épreuve qu'il fallait affronter, comme ceux qui les avaient précédés, dont ils ne parlaient jamais, où ils essayeraient de montrer ce courage dont ils faisaient la vertu principale de l'homme, mais qu'en attendant il fallait essayer d'oublier et d'écarter. (D'où l'aspect rigolard que prenait tout enterrement. Le cousin Maurice ?) Si à cette disposition générale on ajoutait l'âpreté des luttes et du travail quotidien, sans compter, en ce qui concerne la famille de Jacques, l'usure terrible de la pauvreté, il devient difficile de trouver la place de la religion. Pour l'oncle Ernest qui vivait au niveau de la sensation, la religion était ce qu'il voyait, c'est-à-dire le curé et la pompe. Utilisant ses dons comiques, il ne manquait pas une occasion de mimer les cérémonies de la messe, les ornant d'onomatopées [filées] qui figuraient le latin, et pour finir jouant à la fois les fidèles qui baissaient la tête au son de la cloche et le prêtre qui, profitant de cette attitude, buvait subrepticement le vin de messe. Quant à Catherine Cormery, elle était la seule dont la douceur pût faire penser à la foi, mais justement la douceur était toute sa foi. Elle ne niait pas, ni approuvait, riant un peu aux plaisanteries de son frère, mais disait « Monsieur Curé » aux prêtres qu'elle rencontrait. Elle ne parlait jamais de Dieu. Ce mot-là, à vrai dire, Jacques ne l'avait jamais entendu prononcer pendant toute son enfance, et lui-même ne s'en inquiétait pas. La vie, mystérieuse et éclatante, suffisait à le remplir tout entier.

Avec tout cela, s'il était question dans sa famille d'un enterrement civil, il n'était pas rare que, paradoxalement, la grand-mère ou même l'oncle se missent à déplorer l'absence de prêtre : « comme un chien », disaient-ils. C'est que la religion faisait partie pour eux, comme pour la majorité des Algériens, de la vie sociale et d'elle seulement. On était catholique comme on est français, cela oblige à un certain nombre de rites. À vrai dire, ces rites étaient exactement au nombre de quatre : le baptême, la première communion, le sacrement du mariage (s'il y avait mariage) et les derniers sacrements. Entre ces cérémonies forcément très espacées, on s'occupait d'autre chose, et d'abord de survivre.

Il allait donc de soi que Jacques devait faire sa première communion comme l'avait faite Henri, qui gardait le plus mauvais souvenir non de la cérémonie elle-même mais de ses conséquences sociales et principalement des visites qu'il avait été obligé de faire ensuite pendant plusieurs jours, brassard au bras, aux amis et aux parents qui étaient tenus de lui faire un petit cadeau d'argent, que l'enfant recevait avec gêne et dont le montant était ensuite récupéré par la grand-mère qui en rétrocédait à Henri une toute petite part, gardant le reste parce que la communion « coûtait ». Mais cette cérémonie avait lieu aux environs de la douzième année de l'enfant, qui pendant deux ans devait suivre l'enseignement du catéchisme. Jacques n'aurait donc à faire sa première communion qu'à sa deuxième ou troisième année de lycée. Mais justement, la grand-mère avait sursauté à cette idée. Elle se faisait du lycée une idée obscure et un peu effrayante, comme d'un lieu où il fallait travailler dix fois plus qu'à l'école communale puisque ces études menaient à de meilleures situations et que, dans son esprit, aucune amélioration matérielle ne pouvait s'acquérir sans un surcroît de travail. Elle souhaitait d'autre part de toutes ses forces le succès de Jacques en raison des sacrifices qu'elle venait d'accepter d'avance, et elle imaginait que le temps du catéchisme serait enlevé à celui du travail. « Non, dit-elle, tu ne peux pas être à la fois au lycée et au catéchisme. — Bon. Je ne ferai pas ma première communion », dit Jacques qui pensait surtout échapper à la corvée des visites et à l'humiliation insupportable pour lui de recevoir de l'argent. La grand-mère le regarda. « Pourquoi ? Ça peut s'arranger. Habille-toi. Nous allons voir le curé. » Elle se leva et passa d'un air décidé dans sa chambre. Quand elle revint, elle avait ôté son caraco et sa jupe de travail, mis son unique robe de sortie [ ]¹ boutonnée jusqu'au cou, et elle avait noué autour de sa tête son foulard de soie noire. Les

1. Un mot illisible.

bandeaux de cheveux blancs bordaient le foulard, les yeux clairs et la bouche ferme lui donnaient l'air même de la décision.

À la sacristie de l'église Saint-Charles, une affreuse bâtisse en gothique moderne, elle était assise, tenant la main de Jacques debout près d'elle, devant le curé, un gros homme d'une soixantaine d'années, au visage rond, un peu mou, avec un gros nez, sa bouche épaisse au bon sourire sous la couronne de cheveux argentés, et qui tenait ses mains jointes sur sa robe tendue par ses genoux écartés. « Je veux, dit la grand-mère, que le petit fasse sa première communion. — C'est très bien, madame, nous en ferons un bon chrétien. Quel âge a-t-il ? — Neuf ans. — Vous avez raison de lui faire suivre le catéchisme très tôt. En trois ans, il sera parfaitement préparé à ce grand jour. — Non, dit la grand-mère sèchement. Il doit la faire tout de suite. — Tout de suite ? Mais les communions vont se faire dans un mois, et il ne peut se présenter à l'autel qu'après deux ans au moins de catéchisme. » La grand-mère expliqua la situation. Mais le curé n'était nullement convaincu de l'impossibilité de mener de front les études secondaires et l'instruction religieuse. Avec patience et bonté, il invoquait son expérience, donnait des exemples... La grand-mère se leva. « Dans ce cas, il ne fera pas sa première communion. Viens, Jacques », et elle entraîna l'enfant vers la sortie. Mais le curé se précipitait derrière eux. « Attendez, madame, attendez. » Il la ramena doucement à sa place, essaya de la raisonner. Mais la grand-mère secouait la tête comme une vieille mule obstinée. « C'est tout de suite ou il s'en passera. » Finalement, le curé céda. Il fut convenu qu'après avoir reçu une instruction religieuse accélérée, Jacques communierait un mois après. Et le prêtre, secouant la tête, les raccompagna jusqu'à la porte, où il caressa la joue de l'enfant. « Écoute bien ce qu'on te dira », dit-il. Et il le regardait avec une sorte de tristesse.

Jacques cumula donc les leçons supplémentaires avec M. Germain et les cours de catéchisme du jeudi et du samedi soir. Les examens de la bourse et la première communion approchaient en même temps, et ses journées étaient surchargées, ne laissant plus de place aux jeux, même et surtout le dimanche où, quand il pouvait lâcher ses cahiers, sa grand-mère le chargeait de travaux domestiques et de courses en invoquant les futurs sacrifices que la famille consentirait pour son éducation et cette longue suite d'années où il ne ferait plus rien pour la maison. « Mais, dit Jacques, je vais peut-être échouer. L'examen est difficile. » Et, d'une certaine manière, il lui arrivait de le souhaiter, trouvant déjà trop lourd pour sa jeune fierté le poids de ces sacrifices dont on lui parlait constamment. La grand-mère le regardait interdite. Elle n'avait pas pensé à cette éventualité. Puis elle haussait les épaules et, sans souci de la contradiction : « Je te le conseille, dit-elle. Tu te feras chauffer les fesses. » Les cours de catéchisme étaient faits par le deuxième curé de la paroisse, grand et même interminable dans sa longue robe noire, sec, le nez en bec d'aigle et les joues creusées, aussi dur que le vieux curé était doux et bon. Sa méthode d'enseignement était la récitation et, bien qu'elle fût primitive, elle était peut-être la seule vraiment adaptée au petit peuple fruste et buté qu'il avait mission de former spirituellement. Il fallait apprendre les questions et les réponses : « Qu'est-ce que Dieu… ?… » Ces mots ne signifiaient strictement rien pour les jeunes catéchumènes, et Jacques, qui avait une excellente mémoire, les récitait imperturbablement sans jamais les comprendre. Quand un autre enfant récitait, il rêvait, bayait aux corneilles ou grimaçait avec ses camarades. C'est une de ces grimaces que le grand curé surprit un jour, et, croyant qu'elle lui était adressée, jugea bon de faire respecter le caractère sacré dont il était investi, appela Jacques devant toute l'assemblée des enfants, et là, de sa longue main osseuse, sans autre explication, le gifla à toute volée. Jacques sous la force du coup faillit tomber. « Va à ta place, maintenant », dit le curé. L'enfant le regarda, sans une larme (et toute sa vie ce fut la bonté et l'amour qui le firent pleurer, jamais le mal ou la persécution qui renforçaient son cœur et sa décision au contraire), et regagna son banc. La partie gauche de son visage brûlait, il avait un goût de sang dans la bouche. Du bout de la langue, il découvrit que l'intérieur de la joue s'était ouvert sous le coup et saignait. Il avala son sang.

Pendant tout le reste des cours de catéchisme, il fut absent, regardant calmement, sans reproche comme sans amitié, le prêtre quand il lui parlait, récitant sans une faute les questions et les réponses touchant à la personne divine et au sacrifice du Christ, et, à cent lieues de l'endroit où il récitait, rêvant à ce double examen qui finalement n'en faisait qu'un. Enfoncé dans le travail comme dans le même rêve qui continuait, ému seulement mais d'une manière obscure par les messes du soir qui allaient se multipliant dans l'affreuse église froide, mais où l'orgue lui faisait entendre une musique qu'il entendait pour la première fois, n'ayant jamais écouté jusque-là que des refrains stupides, rêvant alors plus épaissement, plus profondément d'un rêve peuplé des chatoiements d'or dans la demi-obscurité des objets et des vêtements sacerdotaux, à la rencontre enfin du mystère, mais d'un mystère sans nom où les personnes divines nommées et rigoureusement définies par le catéchisme n'avaient rien à faire ni à voir, qui prolongeaient simplement le monde nu où il vivait ; le mystère chaleureux, intérieur et imprécis, où il baignait alors élargissait seulement le mystère quotidien du discret sourire ou du silence de sa mère lorsqu'il entrait dans la salle à manger, le soir venu, et que, seule à la maison, elle n'avait pas allumé la lampe à pétrole, laissant la nuit envahir peu à peu la pièce, elle-même comme une forme plus obscure et plus dense encore qui regardait pensivement à travers la fenêtre les mouvements animés, mais silencieux pour elle, de la rue, et l'enfant s'arrêtait alors sur le pas de la porte, le cœur serré, plein d'un amour désespéré pour sa mère et ce qui, dans sa mère, n'appartenait pas ou plus au monde et à la vulgarité des jours. Puis ce fut la première communion, dont Jacques n'avait gardé que peu de souvenir sinon la confession de la veille, où il avait avoué les seules actions dont on lui avait dit qu'elles étaient fautives, c'est-à-dire peu de choses, et « n'avez-vous pas eu de pensées coupables ? — Si, mon père », dit l'enfant à tout hasard bien qu'il ignorât comment une pensée pouvait être coupable, et jusqu'au lendemain il vécut dans la crainte de laisser échapper sans le savoir une pensée coupable ou, ce qui lui était plus clair, une de ces paroles malsonnantes qui peuplaient son vocabulaire d'écolier, et tant bien que mal il retint au moins les paroles jusqu'au matin de la cérémonie, où, habillé d'un costume marin, d'un brassard, muni d'un petit missel et d'un chapelet de petites boules blanches, le tout offert par les parents les moins pauvres (la tante Marguerite, etc.), brandissant un cierge dans l'allée centrale au milieu d'une file d'autres enfants portant des cierges sous les regards extasiés des parents debout dans les travées, et le tonnerre de la musique qui éclata alors le glaça, l'emplit d'effroi et d'une extraordinaire exaltation où pour la première fois il sentit sa force, sa capacité infinie de triomphe et de vie, exaltation qui l'habita pendant toute la cérémonie, le rendant distrait à tout ce qui se passait, y compris l'instant de communion, et encore durant le retour et le repas où les parents avaient été invités autour d'une table plus [opulente] que d'habitude qui excita peu à peu les convives habitués à peu manger et à boire, jusqu'à ce qu'une énorme gaieté emplît peu à peu la pièce, qui détruisit l'exaltation de Jacques et même le

« *L'école* », *chapitre du* Premier homme

déconcerta à ce point qu'au moment du dessert, au sommet de l'excitation générale, il éclata en sanglots. « Qu'est-ce qui te prend ? dit la grand-mère. — Je ne sais pas, je ne sais », et la grand-mère exaspérée le gifla. « Comme ça, dit-elle, tu sauras pourquoi tu pleures. » Mais il le savait en vérité, regardant sa mère qui par-dessus la table lui faisait un petit sourire triste.

« Ça s'est bien passé, dit M. Bernard. Bon, eh bien, au travail maintenant. » Encore quelques journées de dur travail, et les dernières leçons eurent lieu chez M. Bernard lui-même (décrire l'appartement ?), et un matin, à l'arrêt du tramway, près de la maison de Jacques, les quatre élèves munis d'un sous-main, d'une règle et d'un plumier se tenaient autour de M. Germain, tandis qu'au balcon de sa maison Jacques voyait sa mère et sa grand-mère penchées en avant et qui leur faisaient de grands signes.

Le lycée où avaient lieu les examens se trouvait de l'autre côté exactement, à l'autre extrémité de l'arc de cercle que formait la ville autour du golfe, dans un quartier autrefois opulent et morne, et devenu, par la vertu de l'immigration espagnole, un des plus populaires et des plus vivants d'Alger. Le lycée lui-même était une énorme bâtisse carrée surplombant la rue. On y accédait par deux escaliers de côté et un de face, large et monumental, que flanquaient de chaque côté de maigres jardins plantés de bananiers et de[1] protégés par des grilles contre le vandalisme des élèves. L'escalier central débouchait dans une galerie qui réunissait les deux escaliers de côté et où s'ouvrait la porte monumentale utilisée dans les grandes occasions, à côté de laquelle une porte beaucoup plus petite donnant sur la loge vitrée du concierge était utilisée ordinairement.

C'est dans cette galerie, au milieu des premiers élèves arrivés, qui, pour la plupart, cachaient leur trac sous des allures dégagées, sauf certains dont la mine pâlie et le silence avouaient l'anxiété, que M. Bernard et ses élèves attendaient, devant la porte close dans le petit matin encore frais et devant la rue encore humide que dans un moment le soleil couvrirait de poussière. Ils étaient d'une bonne demi-heure en avance, ils se taisaient, serrés autour de leur maître, qui ne trouvait rien à leur dire et qui soudain les quitta en disant qu'il reviendrait. Ils le virent revenir en effet un moment après, toujours élégant avec son chapeau au bord roulé et les guêtres qu'il avait mises ce jour-là, tenant de chaque main deux paquets en papier de soie

---

1. Aucun mot ne figure à la suite dans le manuscrit.

simplement roulés en torsade à l'extrémité pour qu'on puisse les tenir, et, quand il approcha, ils virent que le papier était taché de gras. « Voilà des croissants, dit M. Bernard. Mangez-en un maintenant et gardez l'autre pour dix heures. » Ils dirent merci et mangèrent, mais la pâte mâchée et indigeste passait difficilement leur gorge. « Ne vous affolez pas, répétait l'instituteur. Lisez bien l'énoncé du problème et le sujet de la rédaction. Lisez-les plusieurs fois. Vous avez le temps. » Oui, ils liraient plusieurs fois, ils lui obéiraient, à lui qui savait tout et auprès de qui la vie était sans obstacles, il suffisait de se laisser guider par lui. À ce moment, un brouhaha se fit près de la petite porte. La soixantaine d'élèves maintenant réunis se dirigea dans cette direction. Un appariteur avait ouvert la porte et lisait une liste. Le nom de Jacques fut appelé un des premiers. Il tenait alors la main de son maître, il hésita. « Va, mon fils », dit M. Bernard. Jacques, tremblant, se dirigea vers la porte et, au moment de la franchir, se retourna vers son maître. Il était là, grand, solide, il souriait tranquillement à Jacques et secouait la tête affirmativement.

À midi, M. Bernard les attendait à la sortie. Ils lui montrèrent leurs brouillons. Seul Santiago s'était trompé en faisant son problème. « Ta rédaction est très bonne », dit-il brièvement à

Jacques. À une heure, il les raccompagna. À quatre heures, il était encore là et examinait leur travail. « Allons, dit-il, il faut attendre. » Deux jours après, ils étaient encore tous les cinq devant la petite porte à dix heures du matin. La porte s'ouvrit et l'appariteur lut à nouveau une liste beaucoup plus courte qui était cette fois celle des élus. Dans le brouhaha, Jacques n'entendit pas son nom. Mais il reçut une joyeuse claque sur la nuque et entendit M. Bernard lui dire : « Bravo, moustique. Tu es reçu. » Seul le gentil Santiago avait échoué, et ils le regardaient avec une sorte de tristesse distraite. « Ça ne fait rien, disait-il, ça ne fait rien. » Et Jacques ne savait plus où il était, ni ce qui arrivait, ils revenaient tous les quatre en tramway, « j'irai voir vos parents, disait M. Bernard, je passe d'abord chez Cormery puisqu'il est le plus proche », et dans la pauvre salle à manger maintenant pleine de femmes où se tenaient sa grand-mère, sa mère, qui avait pris un jour de congé à cette occasion (?), et les femmes Masson leurs voisines, il se tenait contre le flanc de son maître, respirant une dernière fois l'odeur d'eau de Cologne, collé contre la tiédeur chaleureuse de ce corps solide, et la grand-mère rayonnait devant les voisines. « Merci, Monsieur Bernard, merci », disait-elle pendant que M. Bernard caressait la tête de l'enfant. « Tu n'as plus besoin de moi, disait-il, tu auras des maîtres plus savants. Mais tu sais où je suis, viens me voir si tu as besoin que je t'aide. » Il partait et Jacques restait seul, perdu au milieu de ces femmes, puis il se précipitait à la fenêtre, regardant son maître qui le saluait une dernière fois et qui le laissait désormais seul, et, au lieu de la joie du succès, une immense peine d'enfant lui tordait le cœur, comme s'il savait d'avance qu'il venait par ce succès d'être arraché au monde innocent et chaleureux des pauvres, monde refermé sur lui-même comme une île dans la société mais où la misère tient lieu de famille et de solidarité, pour être jeté dans un monde inconnu, qui n'était plus le sien, où il ne pouvait croire que les maîtres fussent plus savants que celui-là dont le cœur savait tout, et il devrait désormais apprendre, comprendre sans aide, devenir un homme enfin sans le secours du seul homme qui lui avait porté secours, grandir et s'élever seul enfin, au prix le plus cher.

Correspondance (1945-1959) 13
« L'école » (chapitre du *Premier homme*) 67

COLLECTION FOLIO 2 €

Dernières parutions

5469. George Sand	*Le château de Pictordu*
5471. Martin Winckler	*Petit éloge des séries télé*
5526. Jacques Ellul	*« Je suis sincère avec moi-même »* et autres lieux communs
5527. Liu An	*Du monde des hommes. De l'art de vivre parmi ses semblables*
5531. Jacques de Voragine	*La Légende dorée. Vie et mort de saintes illustres*
5532. Grimm	*Hänsel et Gretel* et autres contes
5590. Anonyme	*Le brahmane et le pot de farine. Contes édifiants du Pañcatantra*
5592. Xun zi	*Traité sur le Ciel* et autres textes
5606. Collectif	*Un oui pour la vie ? Le mariage en littérature*
5607. Éric Fottorino	*Petit éloge du Tour de France*
5608. E. T. A. Hoffmann	*Ignace Denner*
5609. Frédéric Martinez	*Petit éloge des vacances*
5610. Sylvia Plath	*Dimanche chez les Minton* et autres nouvelles
5611. Lucien	*« Sur des aventures que je n'ai pas eues ». Histoire véritable*
5631. Boccace	*Le Décaméron. Première journée*
5632. Isaac Babel	*Une soirée chez l'impératrice* et autres récits
5633. Saul Bellow	*Un futur père* et autres nouvelles
5634. Belinda Cannone	*Petit éloge du désir*
5635. Collectif	*Faites vos jeux ! Les jeux en littérature*
5636. Collectif	*Jouons encore avec les mots. Nouveaux jeux littéraires*
5637. Denis Diderot	*Sur les femmes* et autres textes
5638. Elsa Marpeau	*Petit éloge des brunes*
5639. Edgar Allan Poe	*Le sphinx* et autres contes
5640. Virginia Woolf	*Le quatuor à cordes* et autres nouvelles

5714. Guillaume Apollinaire	*« Mon cher petit Lou ». Lettres à Lou*
5715. Jorge Luis Borges	*Le Sud* et autres fictions
5717. Chamfort	*Maximes* suivi de *Pensées morales*
5718. Ariane Charton	*Petit éloge de l'héroïsme*
5719. Collectif	*Le goût du zen. Recueil de propos et d'anecdotes*
5720. Collectif	*À vos marques ! Nouvelles sportives*
5721. Olympe de Gouges	*Déclaration des droits de la femme et de la citoyenne* et autres écrits *« Femme, réveille-toi ! »*
5722. Tristan Garcia	*Le saut de Malmö* et autres nouvelles
5723. Silvina Ocampo	*La musique de la pluie* et autres nouvelles
5760. Leonardo Sciascia	*La tante d'Amérique*
5761. Prosper Mérimée	*La perle de Tolède* et autres nouvelles
5762. Amos Oz	*Chanter* et autres nouvelles
5794. James Joyce	*Un petit nuage* et autres nouvelles
5795. Blaise Cendrars	*L'Amiral*
5797. Ueda Akinari	*La maison dans les roseaux* et autres contes
5798. Alexandre Pouchkine	*Le coup de pistolet* et autres récits de feu Ivan Pétrovitch Bielkine
5818. Mohammed Aïssaoui	*Petit éloge des souvenirs*
5819. Ingrid Astier	*Petit éloge de la nuit*
5820. Denis Grozdanovitch	*Petit éloge du temps comme il va*
5821. Akira Mizubayashi	*Petit éloge de l'errance*
5835. Francis Scott Fitzgerald	*Bernice se coiffe à la garçonne* précédé du *Pirate de la côte*
5837. Montesquieu	*Plaisirs et bonheur* et autres *Pensées*
5838. Ihara Saikaku	*Histoire du tonnelier tombé amoureux* suivi d'*Histoire de Gengobei*
5839. Tang Zhen	*Des moyens de la sagesse* et autres textes
5856. Collectif	*C'est la fête ! La littérature en fêtes*
5896. Collectif	*Transports amoureux. Nouvelles ferroviaires*
5897. Alain Damasio	*So phare away* et autres nouvelles
5898. Marc Dugain	*Les vitamines du soleil*
5899. Louis Charles Fougeret de Monbron	*Margot la ravaudeuse*

5900. Henry James	*Le fantôme locataire* précédé d'*Histoire singulière de quelques vieux habits*
5901. François Poullain de La Barre	*De l'égalité des deux sexes*
5902. Junichirô Tanizaki	*Le pied de Fumiko* précédé de *La complainte de la sirène*
5903. Ferdinand von Schirach	*Le hérisson* et autres nouvelles
5904. Oscar Wilde	*Le millionnaire modèle* et autres contes
5905. Stefan Zweig	*Découverte inopinée d'un vrai métier* suivi de *La vieille dette*
5973. Collectif	*Pourquoi l'eau de mer est salée* et autres contes de Corée
5974. Honoré de Balzac	*Voyage de Paris à Java* suivi d'*Un drame au bord de la mer*
5975. Collectif	*Des mots et des lettres. Énigmes et jeux littéraires*
5976. Joseph Kessel	*Le paradis du Kilimandjaro* et autres reportages
5977. Jack London	*Une odyssée du Grand Nord* précédé du *Silence blanc*
5992. Pef	*Petit éloge de la lecture*
5994. Thierry Bourcy	*Petit éloge du petit déjeuner*
5995. Italo Calvino	*L'oncle aquatique* et autres récits cosmicomics
5996. Gérard de Nerval	*Le harem* suivi d'*Histoire du calife Hakem*
5997. Georges Simenon	*L'Étoile du Nord* et autres enquêtes de Maigret
5998. William Styron	*Marriott le marine*
5999. Anton Tchékhov	*Les groseilliers* et autres nouvelles
6001. P'ou Song-ling	*La femme à la veste verte. Contes extraordinaires du Pavillon du Loisir*
6002. H. G. Wells	*Le cambriolage d'Hammerpond Park* et autres nouvelles extravagantes
6042. Collectif	*Joyeux Noël ! Histoires à lire au pied du sapin*
6083. Anonyme	*Saga de Hávardr de l'Ísafjördr. Saga islandaise*

6084. René Barjavel	*Les enfants de l'ombre* et autres nouvelles
6085. Tonino Benacquista	*L'aboyeur* précédé de *L'origine des fonds*
6086. Karen Blixen	*Histoire du petit mousse* et autres contes d'hiver
6087. Truman Capote	*La guitare de diamants* et autres nouvelles
6088. Collectif	*L'art d'aimer. Les plus belles nuits d'amour de la littérature*
6089. Jean-Philippe Jaworski	*Comment Blandin fut perdu* précédé de *Montefellóne. Deux récits du Vieux Royaume*
6090. D.A.F. de Sade	*L'Heureuse Feinte* et autres contes étranges
6091. Voltaire	*Le taureau blanc* et autres contes
6111. Mary Wollstonecraft	*Défense des droits des femmes* (extraits)
6159. Collectif	*Les mots pour le lire. Jeux littéraires*
6160. Théophile Gautier	*La Mille et Deuxième Nuit* et autres contes
6161. Roald Dahl	*À moi la vengeance S.A.R.L.* suivi de *Madame Bixby et le manteau du Colonel*
6162. Scholastique Mukasonga	*La vache du roi Musinga* et autres nouvelles rwandaises
6163. Mark Twain	*À quoi rêvent les garçons. Un apprenti pilote sur le Mississippi*
6178. Oscar Wilde	*Le Pêcheur et son Âme* et autres contes
6179. Nathacha Appanah	*Petit éloge des fantômes*
6180. Arthur Conan Doyle	*La maison vide* précédé du *Dernier problème. Deux aventures de Sherlock Holmes*
6181. Sylvain Tesson	*Le téléphérique* et autres nouvelles
6182. Léon Tolstoï	*Le cheval* suivi d'*Albert*
6183. Voisenon	*Le sultan Misapouf et la princesse Grisemine*
6184. Stefan Zweig	*Était-ce lui ?* précédé d'*Un homme qu'on n'oublie pas*
6210. Collectif	*Paris sera toujours une fête. Les plus grands auteurs célèbrent notre capitale*

6211. André Malraux	*Malraux face aux jeunes. Mai 68, avant, après. Entretiens inédits*
6241. Anton Tchékhov	*Les méfaits du tabac* et autres pièces en un acte
6242. Marcel Proust	*Journées de lecture*
6243. Franz Kafka	*Le Verdict – À la colonie pénitentiaire*
6245. Joseph Conrad	*L'associé*
6246. Jules Barbey d'Aurevilly	*La Vengeance d'une femme* précédé du *Dessous de cartes d'une partie de whist*
6285. Jules Michelet	*Jeanne d'Arc*
6286. Collectif	*Les écrivains engagent le débat. De Mirabeau à Malraux, 12 discours d'hommes de lettres à l'Assemblée nationale*
6319. Emmanuel Bove	*Bécon-les-Bruyères* suivi du *Retour de l'enfant*
6320. Dashiell Hammett	*Tulip*
6321. Stendhal	*L'abbesse de Castro*
6322. Marie-Catherine Hecquet	*Histoire d'une jeune fille sauvage trouvée dans les bois à l'âge de dix ans*
6323. Gustave Flaubert	*Le Dictionnaire des idées reçues*
6324. F. Scott Fitzgerald	*Le réconciliateur* suivi de *Gretchen au bois dormant*
6358. Sébastien Raizer	*Petit éloge du zen*
6359. Pef	*Petit éloge de lecteurs*
6360. Marcel Aymé	*Traversée de Paris*
6361. Virginia Woolf	*En compagnie de Mrs Dalloway*
6362. Fédor Dostoïevski	*Un petit héros*
6395. Truman Capote	*New York, Haïti, Tanger* et autres lieux
6396. Jim Harrison	*La fille du fermier*
6412. Léon-Paul Fargue	*Mon quartier* et autres lieux parisiens
6413. Washington Irving	*La Légende de Sleepy Hollow*
6414. Henry James	*Le Motif dans le tapis*
6415. Marivaux	*Arlequin poli par l'amour* et autres pièces en un acte
6417. Vivant Denon	*Point de lendemain*
6418. Stefan Zweig	*Brûlant secret*

6459.	Simone de Beauvoir	*L'âge de discrétion*
6460.	Charles Dickens	*À lire au crépuscule* et autres histoires de fantômes
6493.	Jean-Jacques Rousseau	*Lettres sur la botanique*
6494.	Giovanni Verga	*La Louve* et autres récits de Sicile
6495.	Raymond Chandler	*Déniche la fille*
6496.	Jack London	*Une femme de cran* et autres nouvelles
6528.	Michel Déon	*Un citron de Limone* suivi d'*Oublie…*
6530.	François Garde	*Petit éloge de l'outre-mer*
6531.	Didier Pourquery	*Petit éloge du jazz*
6532.	Patti Smith	*« Rien que des gamins »*
6546.	Barack Obama	*Discours choisis*
6563.	Jean Giono	*Refus d'obéissance*
6564.	Ivan Tourguéniev	*Les Eaux tranquilles*
6566.	Collectif	*Déclaration universelle des droits de l'homme*
6567.	Collectif	*Bonne année ! 10 réveillons littéraires*
6579.	Honoré de Balzac	*La Vendetta*
6580.	Antoine Bello	*Manikin 100*
6581.	Ian McEwan	*Mon roman pourpre aux pages parfumées* et autres nouvelles
6582.	Irène Némirovsky	*Film parlé*
6618.	Chimamanda Ngozi Adichie	*Le tremblement* précédé de *Lundi de la semaine dernière*
6619.	Elsa Triolet	*Le destin personnel* suivi de *La belle épicière*
6650.	Collectif	*Tous végétariens ! D'Ovide à Ginsberg, petit précis de littérature végétarienne*
6651.	Hans Fallada	*Voyous, truands et autres voleurs*
6652.	Marina Tsvétaïéva	*La tempête de neige – Une aventure. 2 pièces romantiques*
6653.	Émile Zola	*Le Paradis des chats* et autres textes
6693.	Corinne Atlan	*Petit éloge des brumes*
6694.	Ludmila Oulitskaïa	*La soupe d'orge perlé* et autres nouvelles
6695.	Stefan Zweig	*Les Deux Sœurs* précédé d'*Une histoire au crépuscule*
6727.	Marcel Proust	*Vacances de Pâques* et autres chroniques

6728. Jane Austen — *Amour et amitié*
6742. Marguerite Yourcenar — *Les Songes et les Sorts*
6743. Les sœurs Brontë — *Autolouange* et autres poèmes
6744. F. Scott Fitzgerald — *Le diamant gros comme le Ritz*
6745. Nicolas Gogol — *2 nouvelles de Pétersbourg*
6746. Eugène Dabit — *Fauteuils réservés* et autres contes
6778. Annie Ernaux — *Hôtel Casanova* et autres textes brefs
6779. Victor Hugo — *Les Fleurs*
6798. Chimamanda Ngozi Adichie — *Nous sommes tous des féministes* suivi du *Danger de l'histoire unique*
6812. Ray Bradbury — *La fusée* et autres nouvelles
6813. Albert Cossery — *Les affamés ne rêvent que de pain* précédé de *Danger de la fantaisie*
6814. Georges Rodenbach — *Bruges-la-Morte*
6863. Zéno Bianu — *Petit éloge du bleu*
6876. Kazuo Ishiguro — *2 nouvelles musicales*
6888. Ovide — *Pénélope à Ulysse* et autres lettres d'amour de grandes héroïnes antiques
6889. Louis Pergaud — *La tragique aventure de Goupil* et autres contes animaliers
6890. Rainer Maria Rilke — *Notes sur la mélodie des choses* et autres textes
6917. Charles Baudelaire — *De l'essence du rire* et autres textes
6918. Marguerite Duras — *Madame Dodin*
6919. Madame de Genlis — *Mademoiselle de Clermont*
6945. Cesare Pavese — *La plage*
6946. Rabindranath Tagore — *À quatre voix*
6983. Jean-Pierre Siméon — *Petit éloge de la poésie*
6985. Belinda Cannone — *Petit éloge de l'embrassement*
7011. Collectif — *Écrire Marseille. 15 grands auteurs célèbrent la cité phocéenne*
7012. Fédor Dostoïevski — *Les Nuits blanches*
7026. George Orwell — *Pourquoi j'écris* et autres textes politiques
7027. Ivan Tourguéniev — *Le Journal d'un homme de trop*

*Tous les papiers utilisés pour les ouvrages
des collections Folio sont certifiés
et proviennent de forêts gérées durablement.*

*Composition Nord Compo
Impression Novoprint
à Barcelone, le 10 février 2022
Dépôt légal : février 2022*

ISBN 978-2-07-295654-6. / Imprimé en Espagne

399011